DAVID McNALLY

El Secreto del Águila

ESTRATEGIAS DE ÉXITO PARA PROSPERAR EN EL TRABAJO Y EN LA VIDA

Wisdom
Editions

Minneapolis

Wisdom
Editions

Minneapolis
6800 France Av So, Suite 370
Edina, MN 55435
USA
www.calumeteditions.com

ISBN 978-1-959770-9-54

Para ponerse en contacto con David McNally llame a (1) 952 835 0300 o escriba a:
info@transformcorp.com o visite a www.transformcorp.com

"El Secreto del águila me inspiró a redoblar mis esfuerzos para realizar mi potencial y hacer una diferencia en las vidas de los demás. No importa lo que se haya logrado, todos necesitamos tener presente lo que significa verdaderamente prosperar. Las ideas son inspiradoras, relevantes y eternas".

— James White, vicepresidente ejecutivo y presidente América Latina, ECOLAB

"*El Secreto del águila* es un gran recordatorio de que, en última instancia, es uno mismo quien debe asumir la responsabilidad personal y la iniciativa para prosperar, tener éxito y ganar en este entorno de ritmo rápido que siempre está cambiando."

— Steve Sear, vicepresidente ejecutivo, Global Sales, Delta Air Lines

"Cuando me encuentro en situaciones difíciles para fijar objetivos o planificación estratégica, siempre me refiero a *El Secreto del águila*. Su contenido y sus preguntas proporcionan un enfoque muy holístico. Las enseñanzas del libro las hemos utilizado en nuestro programa de *Desarrollo de liderazgo de alto potencial* y la retroalimentación ha sido genial. *El Secreto del águila* es una lectura obligatoria para quienes desean mejorar su calidad de vida y prosperar."

— Kari Lawry, vicepresidente de Cultura y Desarrollo de Talentos, Con-way

"*El Secreto del águila* es uno de mis libros favoritos y he regalado muchos ejemplares a mis asociados y clientes. Es como tener un asesor personal de vida que lo inspire y lo guíe a uno en la ruta de la prosperidad en esta nueva economía."

— Tom Winters, vicepresidente de Cuentas Nacionales, Ply Gem

"*El Secreto del águila* es inspirador. Me permitió replantear los desafíos de nuestra economía actual y centrarme en las cosas que hacen la diferencia entre un buen día y un mal día. Estar en sintonía con los principios de "prosperar" ha mejorado considerablemente mi capacidad para crear relaciones, servir a los clientes y vivir con un propósito".

—Julie Showers, directora Oficina para la Resolución de Conflictos, University of Minnesota

"David McNally en su libro, *El Secreto del águila*, trae pasión, seriedad y entusiasmo a la sabiduría y a las lecciones que le ofrece a sus lectores. Son mis intenciones las de compartir estas lecciones con mi familia y sin ninguna duda usaré el libro por mucho tiempo como material de referencia".

— Joe Coffey, director comercial,
Gallus BioPharmaceuticals

"*El Secreto del águila* para mí tiene que ver con cuestionar nuestra pasión, nuestra motivación y empujarnos a dar ese salto de fe. Es como tener nuestro propio entrenador personal para ayudarnos a ponernos en forma, sólo que este entrenador cuestiona tus esfuerzos para garantizar que le estás dando todo lo que puedes a la vida. Este libro valida el principio de que no rendirse tan rápido separa a los que prosperan de los que apenas sobreviven".

— Joe Taney, vicepresidente Hubs/Gateways,
American Airlines

"*El Secreto del águila*, de David McNally, es una obra que gozarás de principio a fin. ¡Aprenderás cómo pasar de sobrevivir, a prosperar!".

Marshall Goldsmith

Uno de los pensadores más influyentes de liderazgo del mundo según "Thinkers50 Global Study". Autor de la obra MOJO, un millón de ejemplares vendidos, y de What Got You Here Won't Get You There (*Lo que lo trajo aquí, no lo llevará allá*)

Para Mi Papá

El Mejor De Los Ejemplos

Para Mi Esposa Jo

Quien Fue Mi Mejor Compañera,
Me Haces Falta

AGRADECIMIENTOS

Creía que escribir un segundo libro podría ser de alguna manera más fácil que el primero. No fue así. Pero como tengo el privilegio de conocer tantas almas generosas, esta obra se publicó porque ellos no permitieron que me rindiera. Para todos ustedes que leyeron lo que escribí y me dieron sus ideas, comentarios y ánimo, mi único deseo es que sepan que fue una buena inversión de su tiempo.

Quienes me ayudaron en la parte inicial de la investigación son los mejores escritores en estos asuntos: Scott Edelstein, Peter Kizilos, Susan Reed, Betty McMahon, y Ron Lehmann. Ellos fueron colaboradores comprometidos y su pericia e influencia se reflejan en todas estas páginas. Mi agente, Jonathon Lazear, escuchó mis frustraciones con empatía, y Tom Spain, mi editor, tuvo bastante paciencia para convencerme de lo que ahora me doy cuenta, son importantes mejoras.

Mis deseos de ser diferente se llevaron a cabo mediante la creatividad de Lisa Etziony. Lisa diseñó la cubierta y la composición de las páginas con el propósito principal de que la palabra impresa fuese tentadora y accesible. Su talento y dedicación irradian por todo el libro.

Por último, faltan mi familia y mis amigos, cuya presencia me hace sentir que significo algo para ellos. Disfrutamos de buenos momentos juntos, pero cuando las cosas no marchan bien en la vida ustedes siempre parecen estar ahí. Gracias.

Prólogo

Nada ocurre sin transformación.

W. Edwards Deming

PARA EL LECTOR DEL AUTOR — Cuando escribía estas palabras, al mismo tiempo orientaba y mimaba a mi hija, quien en ese entonces tenía dieciséis años. Ella creía que estaba pasando por el "peor" período de su vida: sus amigos la habían abandonado, había ganado peso y los frenillos en sus dientes la estaban matando; pero aún más importante, no había muchacho, especialmente los que le gustaban, que le pusiera atención.

Yo recordaba demasiado bien mis propios años como adolescente para descartar su dolor como si no tuviera importancia. Sus lágrimas eran reales, ya que el dolor es dolor, no importa su causa. Aunque sabía que saldría muy bien de esto, también sabía que su fortaleza y resistencia como adulto se iban a desarrollar sabiendo que ella podía manejar esa travesía inicial de su vida.

Me impresionó la correlación del consejo que le daba a mi hija y la tarea que haremos juntos a través de estas páginas. ***El Secreto del águila*** trata con prosperar, crecer y florecer; de hacernos cargo de nuestras vidas y convertir nuestros sueños en realidad. Mi hija podía apenas estar "sobreviviendo" en ese verano, pero su esencia, lo que era ella como ser humano, no se puede describir de ninguna otra forma sino como una "persona que prospera".

Sobrevivir quiere decir continuar existiendo, no morirse. Si estás vivo eres un sobreviviente. Hay veces que el sobrevivir requiere un esfuerzo supremo. Somos testigos del heroísmo de la gente en todo el mundo en su lucha para sólo existir. Pero su empuje para sobrevivir, te dirán, es en gran parte inspirado por su deseo de prosperar. Prosperar quiere decir crecer y salir adelante.

Tú y yo estamos viviendo tiempos fascinantes. Las oportunidades son abundantes ya sea que recibas el llamado del mundo empresarial, para salvar el planeta o para ser parte de cualquier otra causa noble. La mayoría de la gente tiene más libertad para gozar la paz y la prosperidad que en cualquier otro tiempo de la historia. Pero, por supuesto, no todos lo ven de esta forma. Un empleado de una empresa grande describió los sentimientos de muchos cuando comentó: "Todos sentimos presión. Hay quienes se cuidan, hacen ejercicio y corren. Y otros comen más chocolate". Puesto de otra forma, para algunos es el mejor de los tiempos, para otros, el peor.

A aquellos que comen chocolate, parece ser que la reestructuración corporativa de nunca acabar, impuesta por una economía global cada vez más competitiva, les ha producido un sentido de inestabilidad y de pérdida de control que afecta sus vidas y su futuro negativamente. Solo sobrevivir se ha convertido en su suprema esperanza y aspiración. Mientras que esta reacción es comprensible, ¿quién es esa otra gente que hace ejercicio y corre? ¿Por qué, bajo las mismas condiciones y circunstancias, parece que prosperan?

El deseo de prosperar es el deseo de vivir una vida rica en experiencias y realizaciones. Somerset Maugham dijo: "Hay una cosa curiosa en la vida, si te niegas a aceptar cualquier cosa que no sea lo mejor, por lo general lo consigues". Los que prosperan están de acuerdo, piensan y actúan en formas que los llevan a lo mejor que les ofrece la vida. Lo que fácilmente se puede observar y distingue a los que prosperan, por consiguiente, son sus actitudes y comportamientos. Mientras que los que sobreviven luchan por un sentido de dirección, los que prosperan navegan seguros y sin ceder hacia sus metas.

Mientras a los que sobreviven los sacuden las turbulencias de la vida moderna, los que prosperan vuelan a nuevas cimas de realización personal.

Si deseas ser una persona que prospera, la siguiente pregunta es un excelente punto de partida: ¿Cuánto tiempo le dedicas cada semana a pensar y reflexionar sobre lo que haces, por qué lo haces, qué es importante para ti y en qué dirección se dirige tu vida? Cuando hago un taller o doy una conferencia, con frecuencia les hago esa pregunta a los participantes. Por lo general, la respuesta es un silencio asombroso. Parece que con lo ocupados que estamos, raras veces sacamos tiempo para pensar sobre los asuntos de nuestra vida. A menudo tenemos claro lo que nuestra empresa espera de nosotros pero no estamos muy seguros de lo que nosotros esperamos de nosotros mismos, lo cual no funciona para quienes están dispuestos a prosperar.

En las páginas siguientes descubrirás "los resultados" de lo que realmente deseas en tu vida y cómo obtenerlos. Clarificarás lo que significa prosperar para ti, cómo se siente uno cuando prospera y lo que el prosperar significará para tu calidad de vida. No solamente harás un mapa hacia dónde quieres ir sino que también podrás revisar a diario si vas en el camino correcto. Estás por comenzar una gran aventura, en todo el sentido de la palabra.

Muchas de las ideas, información y anécdotas acerca del prosperar presentadas en esta obra se originan de una encuesta hecha a más de seiscientas personas. Se incluyeron organizaciones con y sin fines de lucro y empleados con diferentes roles y responsabilidades. Con esta estupenda participación, era evidente que yo había tocado un nervio. Desde el director ejecutivo hasta la dirección operacional respondieron, tal como lo hicieron educadores, vendedores y empresarios. Solicité ejemplos de gente que prospera en sus organizaciones, quienes explicaron el por qué, en términos de actitudes y comportamientos específicos. Todos compartieron sus experiencias generosamente por lo cual estoy muy agradecido.

Lo más sorprendente de los que contestaron la encuesta fue su entusiasmo y el valor que percibieron en identificar las características de los que prosperan. Un buen número de ellos se tomó el tiempo para compartir historias personales acerca del prosperar, muchas de éstas se recuentan en este libro. Desde las conmovedoras e inspiradoras hasta las específicas en el cómo hacerlo. Más importantes para nuestro propósito, sin embargo, son los temas potentes que salieron acerca de lo que es prosperar. Estos temas contribuyeron a los títulos e inspiraron el contenido de cada capítulo.

Debo confesar que manejé una agenda oculta: ¿Se revelará un "secreto"? ¿Explicará este secreto, por fin, por qué algunos prosperan mientras otros sólo sobreviven? Permíteme declarar ahora mismo que yo tuve que desechar una idea equivocada que tenía: que los que prosperan podrían ser intelectual y físicamente superiores. Los que prosperan tampoco son dotados de suerte abundante, aunque la buena suerte por supuesto con frecuencia los visita, ellos no están exentos de la mayoría de los sufrimientos y contratiempos de la vida.

Finalmente aprendí que los que prosperan sí tienen un secreto. Es un secreto porque no se puede describir, se tiene que descubrir. ¿Estás listo para descubrirlo? Si es así, entonces comencemos nuestro viaje.

DAVID MCNALLY
JUNIO 1998

El Terremoto
Económico

Bastante que tiemblan las cosas

Los que prosperan tienen una perspectiva global —
son conscientes de que grandes fuerzas están
transformando el mundo del trabajo.

A UN SEÑOR LO LLAMARON PARA SER MIEMBRO DE UN JURADO y existía la posibilidad de que lo escogieran para un caso que podría demorarse bastante tiempo; entonces le solicitó al juez que lo excusara. "Tenemos mucho trabajo en la oficina", le explicó. "No puedo ausentarme tanto tiempo".

"Entiendo", dijo el juez. "Usted es una de esas personas que creen que la empresa no puede funcionar sin ellas. ¿Correcto?"

"Oh no, su Señoría. Sé que sí pueden funcionar sin mí. Lo que no quiero es que se enteren".

Si el humor refleja el trasfondo de la sociedad, muchos nos identificamos con esta historia. Un amigo mío me dijo: "Oí que estabas escribiendo un libro acerca del prosperar. Bueno, espero que no esté repleto de consejos tales como no dejes para mañana lo que puedas hacer hoy o, vive cada momento de tu vida tal como si fuese el último, goza la vida y cosas así. Déjame decirte, desde ahora hasta cuando llegue del trabajo a mi casa y acueste a mis hijos, cuento con suerte si he sobrevivido el día".

Reacciones como esta pueden emanar de cualquiera entre miles de personas. El estrés y el cansancio están entre las dolencias más populares de nuestra época. El miedo y la ansiedad son más predominantes que nunca. El cinismo está de moda. Pero, sin duda, eso no es lo que tú y yo queremos. ¿Existen otras opciones, sin embargo? ¿Es posible que experimentemos un sentido de estabilidad y control sobre nuestra vida cuando evidentemente la mayoría de lo que nos rodea está fuera de nuestro control?

Para obtener las respuestas, la búsqueda siempre debe comenzar interiormente, porque las circunstancias de nuestra vida tienen tanto poder como deseemos darles. Tenemos que descubrir si existe en nuestro interior un sentido de esperanza, o por lo menos, una pizca de fe en que la vida tiene mayores posibilidades. Porque son la fe y la esperanza las que encienden la fortaleza y la energía para continuar, para seguir adelante hacia una mejor vida. Para Vaclav Havel, el poeta y autor de teatro checoslovaco, el estrés y agotamiento de sentirse sin control eran una parte constante de su vida. A Havel lo encarcelaron por oponerse al comunismo, aún así surgió victorioso para convertirse en el primer presidente de su liberado país. "La vida es muy preciosa", dijo Havel, "para permitir su devaluación viviendo una vida sin sentido, desierta, sin significado, sin amor y, finalmente, sin esperanza".

Si la fe y la esperanza existen, aunque sea levemente, nuestra visión de prosperar se puede alcanzar.

Trazar nuestro rumbo, sin embargo, exigirá un mapa diferente, una nueva y más amplia perspectiva de cómo vemos al mundo y nuestro puesto en él.

Debemos dar un gran salto en nuestra conciencia y sabiduría, ya que la ignorancia es el mayor contribuyente a nuestros sentimientos de impotencia sobre nuestras circunstancias.

Debemos saber mucho más acerca de los sistemas económicos y ecológicos. Tenemos que entender más a otras naciones y su gente: cómo piensan, qué valoran. Debemos desarrollar nuevas destrezas y competencias, porque nuestro valor ante quiénes servimos está bajo tremendo escrutinio. Más que todo, debemos saber mucho más acerca de nosotros mismos y la fuerza intrínseca que tenemos para crear lo que queremos para nuestra vida.

Las circunstancias de nuestra vida tienen tanto poder
como queramos darles.

DAVID McNALLY

En otras palabras, si la vida va a ser más que una simple existencia, si vamos a pasar de sobrevivientes a personas que prosperan, esto no va a ocurrir por casualidad o por buena suerte sino porque deliberadamente buscamos comprender y aprender sobre qué es lo que transforma el mundo a nuestro alrededor con ímpetu cada vez mayor.

¿Pero, por dónde debemos comenzar?

Quizás el lugar más pertinente puede ser el más pragmático: los temas y circunstancias que afectan nuestro bienestar financiero. ¿Cómo pagaré mis cuentas? ¿Cuál es el futuro de mi carrera, el de mi empresa, el de mi industria, el de mi país? Estas son preguntas que merecen respuestas. Y, aún si esas respuestas no son exactamente lo que queremos escuchar, si nos dan una evaluación honesta de dónde nos encontramos, podemos determinar las acciones que debemos tomar para dirigirnos en la dirección que deseamos caminar.

Aquí es entonces donde nos encontramos hoy y donde sin duda estaremos por un buen tiempo en el futuro. Un nuevo orden mundial se está desarrollando. Los límites, las fronteras y las empresas están en movimiento haciendo virajes fundamentales de los que no hay marcha atrás. Estos virajes están causando un terremoto económico de proporciones globales. "El paisaje del mundo está sin obstáculos — dijo John Van Dorn en un editorial reciente en la revista World Business — el panorama es, si imperfecto, excelente. No hay barrera, río, burocracia, principios chauvinistas, que puedan bloquearlo".

Entender las fuerzas que contribuyen a este terremoto económico es el primer paso vital para aprender cómo podemos responder mejor y beneficiarnos de ellas. Las fuerzas más dominantes son:

■ **LA TECNOLOGÍA.** La tecnología ahora está creciendo a una velocidad extrema. Esto nos está presionando a todos a regresar a estudiar sin una fecha de grado en el horizonte.

■ **LA COMPETENCIA GLOBAL.** Se encuentra en una escala sin precedentes. Esto nos exige que produzcamos como nunca una alta calidad de productos y servicios.

■ **LAS COMUNICACIONES.** Las comunicaciones han creado la aldea global. Lo que está pasando, a medida que pasa, está disponible veinticuatro horas al día en nuestras salas de estar, en las vidas y las culturas de aquellos que cohabitan nuestro planeta.

Lo que implican estas fuerzas es significativo. En resumen, el mundo es más abierto y transparente. Más específicamente los valores, las creencias, las suposiciones, las actitudes y los prejuicios son todos más visibles, más expuestos y más sujetos a debates y dudas. Cada día es más difícil evitar o "esconderse" de las responsabilidades de uno. A los políticos se les considera responsables por sus acciones. A las empresas se les analiza bajo microscopio. Más y más organizaciones miden las contribuciones individuales.

En su obra, _The 12 New Rules for Living_, (Las doce nuevas reglas para vivir) Frederic Hudson dice: "El cambio global es la realidad más grande en el mundo para todos hoy. Regla: ¡No te quejes! Persigue los beneficios del caos. Estos son más numerosos que los problemas". Ya que nuestro deseo es prosperar, no nos quejemos, ¿qué más necesitamos comprender para penetrar osadamente este entorno turbulento pero lleno de oportunidades?

**Cuando la realidad confronta nuestra idea
de lo que la realidad debe ser, la realidad siempre gana.**

JOHN ROGER Y PETER McWILLIAMS

Así como hoy hay más naciones participando en los Juegos Olímpicos que en ninguna otra época en nuestra historia, también hay más naciones como nunca invirtiendo fuertemente en su infraestructura y economía para que sus productos y servicios puedan competir en el gran juego de los negocios. Un editorial en la revista *Business Week* declaró: "Billones de personas entran a la economía mundial, no como mendigos sino como realizadores. Un nuevo orden económico está naciendo. Eventualmente, todo el mundo debe compartir la abundancia de este nuevo orden".

La economía global ahora es tanto una realidad y está tan avanzada que ya no se puede retroceder. Estamos, sin duda, participando en una "olimpiada de los negocios". Dicho de otra forma, así como hay miles de ambiciosos atletas jóvenes con ganas de participar en los Juegos Olímpicos, así también hay millones de personas en el mundo con un gran deseo de crear su prosperidad que es tan predominante y visible en las naciones desarrolladas.

Ahora, mientras algunos reaccionarían con entusiasmo a esa predicción de la revista *Business Week*, de abundancia y prosperidad, muchos preferirían la idea tranquilizadora de Woody Allen: "¡Si Dios solo me diera una señal clara! depositando en mi cuenta bancaria en Suiza". Si tú y yo no tenemos una cuenta bancaria en Suiza o estamos dispuestos a hacerle a Dios esa clase de pedidos ¿cómo nos preparamos mejor para obtener nuestra parte de esa abundancia que se avecina? Primero, enfatizando que negarse a profundizar nuestra comprensión de las fuerzas transformacionales en juego ahora, es un camino claro a nuestro suicidio económico y profesional.

Durante una reciente conferencia televisada para estudiantes de periodismo, se discutió la siguiente estadística: Solo al 15 por ciento del público estadounidense le interesan las noticias extranjeras. ¿Cuáles son las consecuencias de que un grupo tan numeroso de personas permanezca ignorante de lo que ocurre en el resto del mundo?

Una vez más las Olimpiadas proveen una poderosa analogía. Considera un entrenador o un rival de cualquier nación que invierte, si acaso, muy poco tiempo estudiando o aprendiendo acerca de la competencia. Este entrenador no tiene ninguna idea de las fortalezas y flaquezas, velocidad, resistencia, historia, estrategias favoritas, actitudes y el tamaño de los rivales. ¿Puedes imaginarte qué tan difícil sería tener éxito para esta persona? Hoy el conocimiento de la competencia, desde la escuela secundaria hasta los equipos profesionales, es un componente clave de la fórmula para ganar.

La proliferación de los acuerdos de comercio internacional en cada esquina del mundo provee una prueba irrefutable del camino que la mayoría de las naciones han escogido. Las "olimpiadas de los negocios" están rotundamente en acción, pero con una advertencia importante: A diferencia de los Juegos Olímpicos, los negocios no tienen el lujo de recesos de cuatro años para descansar, recuperarse y prepararse. En realidad, nuevos récords se están estableciendo todos los días a medida que la competencia mejora sus estándares y los clientes aumentan sus expectativas.

Para competir efectivamente las empresas, grandes y pequeñas, cada vez se vuelven más ágiles, más creativas y más sensibles. El trabajo se rediseña radicalmente con equipos que pueden y quieren anticipar, colaborar, negociar e innovar. Y como si eso no fuera suficiente, el compromiso de cada miembro del equipo se mide por la calidad de su trabajo.

Un optimista piensa que este es el mejor de todos los mundos. Un pesimista teme que lo mismo puede ser verdad.

THOMAS A. EDISON

Para prosperar en este mundo transformado se necesita un nivel de desarrollo personal nunca antes jamás considerado por grandes segmentos de la sociedad. Millones de personas están dejando a un lado las restringidas definiciones de quiénes son, qué hacen y qué pueden llegar a ser. A todos nos están impulsando para crecer, madurar y volar. Pero aunque realmente comprendamos la urgencia de esta necesidad para cambiar y crecer, ¿cómo nos preparamos mejor mental y emocionalmente para estar listos al reto?

Este es el viaje que tú y yo vamos a emprender. ¡Estupendo, tendremos bastante apoyo! Como parte de nuestro equipo tendremos a todos aquellos que contestaron mi encuesta, como también las historias auténticas que me contaron sobre aquellos que prosperan. También acudiremos a la sabiduría de los reconocidos y no reconocidos en nuestro mundo, aquellos que, por su propio compromiso para prosperar, son una fuente interminable de inspiración e información. Durante este viaje le echaremos una buena mirada a las crecientes exigencias del mundo del trabajo y desarrollaremos estrategias para alcanzar nuestras metas profesionales y personales.

La realización de cualquiera de estos objetivos requerirá, sin embargo, que tú y yo tengamos claras nuestras funciones y responsabilidades. Mi función principal es la de proveer dirección, la tuya es la de escoger tu destino. Te orientaré, tú tienes que decidir. Te brindaré las preguntas, pero tú tienes que descubrir las repuestas. Dicho de otra forma, solamente tú puedes determinar a dónde quieres ir y cómo quieres llegar allá. Te advierto que en el camino vamos a encontrar algunas turbulencias. Será un trayecto emocionante pero también habrá algunas incomodidades a medida que te acerques a lo que realmente quieres en tu vida. Pero estoy comprometido con este viaje, ¿y tú? Si es así, entonces, ¡estamos listos para ponernos en marcha!

Son muy pocos en el mundo actual del trabajo los que no se involucran a fondo en el proceso de reestructuración y reingeniería en sus organizaciones. La reingeniería en los negocios se define como la reconsideración de las ideas fundamentales y los cambios radicales en el diseño de los procesos para producir mejoramientos dramáticos en el desempeño. La reestructuración es la eliminación de los obstáculos organizacionales para acelerar la toma de decisiones. Aunque la reingeniería y la reestructuración tienen objetivos independientes y distintos, comparten un propósito común: crear una empresa orientada al cliente, productiva y rentable.

Cuando se ejecutan debidamente y con cuidado, estos procesos consiguen su propósito. En muchos casos, sin embargo, estos cambios no han sido fáciles y han afectado dramáticamente la vida de muchos.

Un empleado conversando con un amigo, dijo: "¡La presión me está matando! ¡Tengo migrañas, mi colesterol anda por los cielos, no puedo dormir, me acabo de enterar de que tengo una úlcera y cuanto más me quede en este trabajo el único dilema es si me dará un derrame cerebral o un ataque al corazón!". "¿Entonces por qué no dejas el trabajo?" le preguntó su amigo. "Tengo un excelente plan de seguro de salud" fue la respuesta.

Evitar el ataque al corazón o el derrame se basa, irónicamente, en aprender de los procesos que se incluyeron en la reestructuración y la reingeniería de nuestras organizaciones, pero en su lugar aplicándolos a nuestra propia vida profesional y personal, los podríamos llamar **reestructuración y reingeniería personal**.

El pesimista puede tener la razón a largo plazo,
pero el optimista se va a divertir más durante el viaje.

Anónimo

John Smith dirige una división grande de una compañía de productos de construcción. No tiene un grado universitario ni es letrado en computadoras. En corto tiempo, los sistemas de informática comenzaron a tomar una función importante en el mercadeo de sus productos. En lugar de agonizar en los vientos del cambio, él enseguida mejoró el departamento de informática con los mejores talentos que pudo encontrar. También regresó a estudiar, atendió a varios seminarios intensivos (incluyendo uno en Harvard) para mantenerse al día.

Esto no fue un solo disparo de energía sino un programa de mejora continuo que él ha llevado a cabo en todos sus veintitrés años con nuestra empresa. Su búsqueda constante por mejorar penetra toda su organización.

Donald Goldfus — Presidente de la Junta Directiva,
Apogee Enterprises Inc.

La reestructuración y la reingeniería personal son los procesos de alinear lo que el mundo necesita con lo que queremos y podemos contribuir a él. Este nuevo mundo del trabajo exige este nivel de introspección. En otras palabras, tenemos que estar dispuestos a reflexionar en serio quiénes somos y qué deseamos en nuestras vidas. Este no será un ejercicio mecánico y sin interés, sin embargo, como el prosperar para nosotros quiere decir prosperar en todos los aspectos de nuestra vida, a medida que buscamos formas de mejorar nuestro desempeño personal, simultáneamente nos concentraremos en asegurar que nuestro nivel de satisfacción personal crezca también. La visión fundamental es el desempeño con satisfacción.

¿Pero dónde comienza este proceso?

En principio esa pregunta es fácil de contestar: El alcance de cualquier visión debe tener como punto de partida una evaluación franca de la realidad actual. Lo que parece sencillo no siempre es fácil, porque en este caso debemos ser despiadadamente honestos con nosotros mismos al definir cómo nos sentimos y qué pensamos acerca de nuestras vidas en este momento. Este es un ejercicio que debemos hacer si estamos comprometidos a prosperar. Entonces afila tu lápiz y prepárate para llenar la Encuesta para Prosperar.

El propósito de esta encuesta es darte la oportunidad de reflexionar sobre las actitudes y comportamientos que juegan una función importante en tu vida. Tus pensamientos y acciones son los que forjan tu vida y te traen los resultados que buscas en términos del éxito personal y profesional.

Esta encuesta no es un examen. Su propósito es estimularte y desafiarte de tal forma que arroje claridad acerca de dónde te encuentras actualmente en este viaje para llegar a ser una persona que prospera. Tal como cualquier otro viaje, es prudente saber no sólo cómo llegaste donde estás, sino también lo que todavía tienes que hacer para llegar a tu destino.

La encuesta contiene cuarenta y dos pares de descripciones de actitudes y comportamientos. Cada par de afirmaciones representa el lado opuesto a lo largo de seis puntos. Prepárate porque algunas de las selecciones te van a disgustar. Es posible que sientas que estás admitiendo una "flaqueza", o "inclinaciones improductivas". Pero no clasifiques tu selección como "buena" o "mala". Mírala simplemente en la forma cómo actualmente tú ves o enfocas las cosas. Haciéndolo así te permitirá ser más franco y honesto, lo que te dará una evaluación más útil y efectiva.

LA ENCUESTA PARA PROSPERAR

INSTRUCCIONES: Por cada par, ponle un círculo al número en la escala que mejor represente tu inclinación como tú la percibas. Los extremos (1 y 6) representan patrones definidos de actitudes y comportamientos preferentes, mientras que los rangos intermedios (3 y 4) no representan ninguna fuerte preferencia particular por cualquiera de las descripciones. Puede ser difícil decidir a medida que reflexionas sobre el significado de ciertas afirmaciones, pero no dejes de seleccionar un número en la escala por cada uno de los cuarenta y dos pares. Evita los rangos intermedios lo más posible.

1						
Me preocupa que todos estos cambios sean para siempre	1 2 3 4 5 6					Entre más cambian las cosas, más me gusta
2						
No me cabe en la cabeza cómo cierta gente puede tener tanto dinero	1 2 3 4 5 6					He aprendido que el dinero es una recompensa por servir
3						
Me siento un poco en el aire por lo que la vida me reserva	1 2 3 4 5 6					Me siento cómodo por lo que la vida me reserva
4						
Prefiero quedarme en mi propio rincón del mundo	1 2 3 4 5 6					Me encanta explorar nuevos horizontes
5						
La gente puede ser tan compleja, que para mí es un reto	1 2 3 4 5 6					La gente puede ser muy compleja, para mí eso es estimulante
6						
Me identifico mucho con la canción, "*Detén el mundo, me quiero bajar*"	1 2 3 4 5 6					Me identifico con la canción, "*Tengo mucho por vivir*"
7						
Hace mucho tiempo que no pienso en serio en mis metas	1 2 3 4 5 6					Tengo muy claro lo que quiero alcanzar

			8				
Mi realidad es que "mantenerme al día" es un gran logro	1	2	3	4	5	6	Mi realidad es que "adelantarme a las situaciones" es esencial

			9				
Creo que hago lo justo por un salario justo	1	2	3	4	5	6	Creo que doy un valor agregado por mi sueldo

			10				
Si las cosas no son perfectas, me frustro	1	2	3	4	5	6	Si no veo progreso, me frustro

			11				
Me siento cómodo con lo que sé	1	2	3	4	5	6	Quiero ver qué tan lejos puedo llegar

			12				
Considero que tengo un buen potencial	1	2	3	4	5	6	Considero que tengo un gran potencial

			13				
Por lo general juzgo a la gente muy rápido	1	2	3	4	5	6	Por lo general me gusta tratar a la gente antes de juzgarla

			14				
Tomo riesgos con cuidado y prudencia	1	2	3	4	5	6	Tomo riesgos temprano y a menudo

			15				
Siempre que sea posible prefiero no molestar	1	2	3	4	5	6	Siempre que sea posible prefiero decir las cosas tal como son

			16				
El cliente no siempre tiene la razón	1	2	3	4	5	6	El cliente siempre tiene la razón

			17				
Me inclino a posponer	1	2	3	4	5	6	Me inclino a ser impulsivo

Mi trabajo nunca me ha dado la satisfacción y la recompensa que me gustaría	1	2	3	**18** 4	5	6	Mi trabajo me ha ofrecido muchas oportunidades para aprender y crecer

Mi trabajo nunca me ha dado la satisfacción y la recompensa que me gustaría   1   2   3   **18**   4   5   6   Mi trabajo me ha ofrecido muchas oportunidades para aprender y crecer

Hago lo que me exige mi trabajo, pero que no abusen de mí   1   2   3   **19**   4   5   6   Creo que mi ventaja yace en hacer más de lo que exige mi trabajo

Soy muy cauto en elogiar a mis compañeros de trabajo   1   2   3   **20**   4   5   6   Es posible que sea muy generoso elogiando a mis compañeros de trabajo

Si la vida es un juego, prefiero verlo   1   2   3   **21**   4   5   6   Si la vida es un juego, prefiero jugar

Prefiero estar totalmente seguro antes de proceder   1   2   3   **22**   4   5   6   Creo que el que duda está perdido

Quiero sentirme con más control de mi vida   1   2   3   **23**   4   5   6   Siento que tengo un claro sentido de propósito

Mi tendencia es concentrarme en las dificultades que enfrenta el mundo   1   2   3   **24**   4   5   6   Mi tendencia es concentrarme en las oportunidades que enfrenta el mundo

Con toda franqueza, mi tendencia es no hacer más de lo que se me exige   1   2   3   **25**   4   5   6   Con toda franqueza, mi tendencia es agregarle un poco más a lo que hago

Mi credo es: "Siempre deja una ventanilla de escape"   1   2   3   **26**   4   5   6   Mi credo es: "Una vez que decido, no retrocedo"

Pierdo la paciencia con la gente que no sigue instrucciones   1   2   3   **27**   4   5   6   Me asombra ver las diferentes formas en que la gente enfoca las cosas

			28				
Con frecuencia desconfío de los motivos de los bienhechores	1	2	3	4	5	6	Con frecuencia creo que entre más me preocupo por otros, más se preocupan por mí
No he analizado cómo la economía global puede afectar mi futuro	1	2	3 29	4	5	6	Pienso que la economía global me trae grandes oportunidades
En el mundo de hoy, la realidad dice que cada cual se las arregle como pueda	1	2	3 30	4	5	6	En el mundo de hoy, la unión hace la fuerza, divididos nos caemos
Prefiero guardar silencio y no causar problemas	1	2	3 31	4	5	6	Prefiero que escuchen mi opinión
Una buena filosofía es, "ir a lo seguro"	1	2	3 32	4	5	6	Una buena filosofía es, "el que no arriesga un huevo no tiene pollo"
Con toda esta presión, me contento con el *statu quo*	1	2	3 33	4	5	6	A pesar de toda esta presión, necesitamos elevar nuestras expectativas
Me gusta la gente pero prefiero gente como yo	1	2	3 34	4	5	6	Me gusta la gente porque estimula mi mente
Creo que estaría mejor si tuviese menos problemas	1	2	3 35	4	5	6	Creo que entre más problemas tiene uno, más consciente está
Sentirme seguro es lo que más me interesa	1	2	3 36	4	5	6	Sentir que progreso es lo que más me interesa
La descripción de mi trabajo define mi desempeño	1	2	3 37	4	5	6	La descripción de mi trabajo guía mi desempeño

He presentido muchas veces que los naipes de la vida están barajados contra mí	1	2	3	**38** 4	5	6	A pesar de tantos contratiempos, todavía creo que lo que ocurra, depende de mí
Hay tanto que tengo que aprender	1	2	**39** 3	4	5	6	Hay tanto que quiero aprender
Me inclino a ser un poco reservado para el bien mío	1	2	3	**40** 4	5	6	Me inclino a ser un poco sociable para el bien mío
Mi lema es: "Si no está roto no lo rompas"	1	2	3	**41** 4	5	6	Mi lema es: "Si no está roto rómpelo"
Me preocupa el futuro y mi desempeño en él	1	2	3	**42** 4	5	6	Tengo fe en el futuro y mi desempeño en él

No soy el creador de estos números. Provienen de alguien que sabe lo que hace.

LEGISLADOR DE WISCONSIN

INSTRUCCIONES PARA EL PUNTAJE DE AUTOEVALUACIÓN:

1. Anota tus respuestas de cada par en los lugares que aparecen a continuación

2. Suma los puntajes de cada línea tal como se indica

3. Suma todas las líneas (de "A" a "G") para el puntaje total

A. 1 + 8 + 15 + 22 + 29 + 36 = _____

B. 2 + 9 + 16 + 23 + 30 + 37 = _____

C. 3 + 10 + 17 + 24 + 31 + 38 = _____

D. 4 + 11 + 18 + 25 + 32 + 39 = _____

E. 5 + 12 + 19 + 26 + 33 + 40 = _____

F. 6 + 13 + 20 + 27 + 34 + 41 = _____

G. 7 + 14 + 21 + 28 + 35 + 42 = _____

PUNTAJE TOTAL = _____

INTERPRETACIÓN DE TU PUNTAJE

■ PUNTAJE: 42-63

Un puntaje dentro de estos márgenes sugiere que tu vida es una lucha en estos instantes. En otras palabras, la vida es dura y solo "sobrevivir" cada día es como un gran logro. También puedes sentir que el futuro te ofrece pocas esperanzas para mejorar. Muchas áreas de tu vida parecen no estar funcionando bien incluyendo tus relaciones y tu trabajo.

Tus ánimos andan por el suelo, lo cual probablemente se debe a tu falta de propósito y rumbo en tu vida. En muchas formas te sientes "estancado" y temes que las cosas no van a mejorar. Puede que te veas como una víctima de fuerzas fuera de tu control, las cuales te pueden llevar a un ciclo de comportamiento defensivo y destructivo.

Ahora las buenas noticias: ¡Estuviste dispuesto a contestar la evaluación! ¡Estás leyendo este libro! Estas dos acciones requieren coraje cuando solo estás "sobreviviendo". Reconoces que quieres mejores cosas en tu vida y estás haciendo algo al respecto. Felicitaciones, porque este es un gran paso. Ahora debes continuar, aunque lo sientas o no, has comenzado tu viaje hacia el prosperar.

No es fácil encontrar la felicidad dentro de uno mismo y no es posible encontrarla en otra parte.

AGNESS REPPLIER

■ PUNTAJE: 64-125

Un puntaje dentro de estos márgenes sugiere que la vida no es exactamente lo que deseas y te das cuenta que hay más razón para preocuparte que para celebrar. No has perdido la esperanza, pero sientes que hay demasiados días que no deberían ser tan difíciles y pesados. Es posible que te sientas sin control en varias áreas de tu vida, lo que puede resultar en niveles de estrés y tensión no saludables.

Existe la posibilidad de que te sientas desequilibrado a medida que tratas de manejar prioridades que compiten entre sí. Probablemente no tienes una visión clara del futuro y estás luchando con lo que realmente quieres de tu vida. El nivel de cumplimiento y satisfacción tanto en tu trabajo como en tus relaciones, probablemente también está por debajo de lo que te gustaría.

Ahora las buenas noticias: Estás tomando acción sobre tu situación. Reconoces que tu vida no es la que desearías, pero estás haciendo algo al respecto. Estás dispuesto a ser honesto contigo mismo y enfrentarte a la realidad. Esto demuestra carácter y firmeza mental. ¡Sigue adelante, ya que estás en el camino para llegar a ser una persona que prospera!

La gente más feliz no necesariamente tiene lo mejor de todo, pero le saca provecho a todo.

Anónimo

■ PUNTAJE: 126-189

Un puntaje dentro de estos márgenes te transporta al campo de la gente que prospera, lo que quiere decir que, en gran parte, sientes que la vida está a tu favor. Probablemente no tengas todo ordenado tal como lo deseas, pero sientes que las cosas marchan bien y eres optimista acerca del futuro. Gozas de una sensación general de bienestar, pero te gustaría que en tu vida pudieras ejercer un poco más del control que tienes en este momento.

Aunque no estás libre de problemas, crees que puedes manejarlos. En otras palabras, tu filosofía en la vida es que siempre hay una luz al final del túnel. Probablemente sientes un compromiso con tu trabajo, pero de no ser así, no tardarías en buscar algo que te dé más satisfacción. Te gustan las relaciones positivas, pero cuando no son tan buenas, puedes manejarlas de una manera constructiva.

En cuanto al futuro, tu tendencia hacia el crecimiento y aprendizaje continuo es un activo importante que trae más orden en tu vida. Tienes una visión positiva del lugar donde te encuentras y de tus capacidades. Esto te ofrece una amplitud de posibilidades hacía dónde quieres ir y lo que puedes llegar a ser. Sigue adelante; la vida será mucho más emocionante.

Cuánto más grande sea el artista,
más grande será la duda.

ROBERT HUGHES

■ PUNTAJE: 190-252

Un puntaje dentro de estos márgenes sugiere que definitivamente estás prosperando en la mayor parte de tu vida. Tienes un sentido claro de propósito y estás persiguiendo las metas que más te interesan. Has organizado tus prioridades y tus valores, y te esmeras por cumplir con ambos.

Para ti, sin duda, la vida vale la pena vivirla.

Sin embargo, no crees que estés "realizado". Crees que todavía hay mucho por hacer y vivir, y estás comprometido para continuar con tu crecimiento y aprendizaje. Tus relaciones te llenan de satisfacción y te enriquecen, y sabes cómo mantenerlas así. Tu trabajo también te llena de satisfacción, lo cual no podría ser de otra forma.

El esfuerzo que has hecho hasta ahora para tener tu vida en orden te dará buenos frutos en el futuro. Las oportunidades que el mundo le presenta a la gente que piensa y se comporta como tú, no tiene límites. Tu ejemplo e influencia tendrán un impacto importante y positivo en la vida de muchos. Sigue adelante; la vida llegará a ser mucho más enriquecedora.

La vida engendra vida. La energía crea energía.
Es cuando uno se lo propone cuando uno se enriquece.

SARAH BERNHARDT

TRABAJANDO CON LAS ESCALAS INDIVIDUALES

Mientras tratas de decidir qué segmento de tu vida necesita atención inmediata, considera que cada una de las siete escalas de La Encuesta para Prosperar, de "A" a "G", está en correlación con los primeros siete capítulos de este libro. O sea que, "A" se relaciona con el Capítulo 1, "B" con el Capítulo 2, y así sucesivamente. En cada escala el potencial de tu puntaje era de 6 a 42. El capítulo relacionado con cada escala se ha escrito y diseñado para ayudarte en cualquier área donde tu puntaje sea bajo (21 o menos). Por ejemplo, si tu puntaje fue de 21 o menos en la escala E, entonces el Capítulo 5 te ayudará. Sin embargo, cada capítulo también contiene información, historias, situaciones y preguntas que aumentarán tu experiencia para prosperar, sin importar cuál sea tu puntaje.

Antes de seguir adelante, saca un momento para que te des una palmadita en la espalda. Ya sea tu puntaje alto o bajo, en el contexto de la vida eso es insignificante. Lo realmente importante es que por intermedio de la acción que has tomado, te has unido a un grupo excepcional de personas: aquellas que han escogido vivir no accidentalmente sino con un propósito. Has hecho una declaración acerca de la dirección para tu vida. Has decidido lo que deseas para tu vida. Has comprobado que no tienes miedo de confrontar la verdad ni de seguir adelante. En otras palabras, verdaderamente has demostrado tu compromiso con el prosperar.

La mayoría de la gente está más dispuesta a pagar
para ser entretenida que para ser instruida.

ROBERT C. SAVAGE

Un rabino una vez dijo: "Algunos se despiertan y dicen, '¡Buenos días, Dios!' mientras otros dicen, '¡Dios mío! ¡Ya comenzó el día!'" A medida que nos acercamos al final de este capítulo nos hará mucho bien reflexionar en la diferencia entre sobrevivir y prosperar.

Sobrevivir quiere decir no morir. Los que sobreviven en el nuevo mundo del trabajo descubrirán lo que tienen que aprender y harán lo que tienen que hacer para asegurar su existencia. El problema con esta forma de pensar es que si aprendemos solo lo suficiente y hacemos solo lo suficiente para que no nos boten del trabajo, entonces nos pagarán solo lo suficiente para que no nos vayamos.

Prosperar, viéndolo desde otro punto de vista, significa que nos va bien, que salimos adelante. Y esa es la meta con la que nos comprometemos. Prosperar requerirá, sin embargo, que constantemente ampliemos nuestras destrezas, que las usemos productivamente, que busquemos más educación y capacitación, y que nos aseguremos que nuestros atributos y talentos se usen al máximo o que, por lo menos, nos dirijamos en esa dirección.

Afortunadamente para hacerlo no tienes que mudarte o trasladarte a ninguna parte. En realidad, tienes una gran variedad de opciones que son totalmente atractivas y que te ampliarán la visión de quién eres y lo que puedes llegar a ser. En los días y semanas que siguen prueba lo siguiente:

■ **INVIERTE EN TI MISMO.** Averigua más acerca de cómo tu ocupación, industria o profesión se está adaptando a la globalización económica y al nuevo mundo del trabajo. Suscríbete a una o dos revistas de tu profesión o especialidad. Lee revistas o diarios de las industrias a las que pertenecen tus clientes. Si eres realmente ambicioso, examina algunas de las revistas pertinentes a tu campo que se publican en otros países.

■ **DESARRÓLLATE.** Lee publicaciones extranjeras. *The Times*, uno de los mejores periódicos en cualquier parte del mundo, nos ofrece reportajes excelentes de los acontecimientos del mundo desde el punto de vista británico. *The European* es otro periódico que nos ofrece un criterio intelectual de toda la Unión Europea. *Time* y *Newsweek* publican ediciones de sus revistas en Asia. El *International Herald-Tribune*, aunque es publicado en los Estados Unidos, adopta un planteamiento global de las noticias. Muchas librerías y puestos de periódicos, las bibliotecas en las ciudades más grandes y las bibliotecas de las universidades ofrecen una amplia variedad de revistas y periódicos internacionales publicados en español.

■ **EDÚCATE:** Visita Google Earth y explora el mundo y más allá. ¿Sabías que puedes ver las imágenes de los edificios en tres dimensiones? Desde la pantalla de tu portátil o tu computadora puedes apreciar la Torre Eiffel, la Gran Muralla China y el Gran Cañón del Colorado. Puedes volar en el espacio para explorar la Luna, Marte y los cielos también. Comienza con tu propia residencia y luego continúa con las estrellas.

■ **ENRIQUÉCETE.** En funciones sociales, en lugar de evitar a la gente que no se viste, luce o habla como tú, acércate a ella y preséntate. Pregúntale sobre su cultura y su país. A la mayoría de la gente le encantaría charlar contigo. Todo lo que arriesgas inicialmente es un poquito de incomodidad, por un intercambio de comprensión y un enlace genuino.

La vida se te puede escapar de las manos.
No te quedes satisfecho solo bombeando sangre.

TONY CAMPOLO

■ **CULTURÍZATE.** Visita exhibiciones de otros países y sus culturas. Visita restaurantes étnicos y experimenta con diferentes comidas o platos. Saborea los platos que son diferentes a los que "tu mamá te preparaba". Visita museos y galerías. Aquellas lecciones de historia que te aburrían en la escuela superior, las puedes encontrar fascinantes como adulto.

■ **DIVIÉRTETE.** Sintoniza el *Discovery Channel* (canal del descubrimiento), *The Learning Channel* (el canal de aprender), o cualquier otra programación que amplíe tu conciencia acerca de cómo la gente de otras naciones piensa, siente y vive. Alquila películas extranjeras, aún esas dobladas o con subtítulos. Aventúrate a mirar películas de Asia, América del Sur y África, además de las excelentes y divertidas películas europeas.

■ **ASÓMBRATE.** Navega por el "World Wide Web". Permite que el Internet te ponga en contacto con gente, historias, conocimiento, explicaciones, sabiduría, oportunidades, creatividad, extravagancia y estupendas ideas. Descubre las posibilidades que pocos hubiesen concebido hace solo veinte años.

■ **INSPÍRATE.** Lee libros o artículos acerca de la gente que ha cambiado el mundo. Estos pueden ser inventores, empresarios, escritores, líderes de negocios, científicos, líderes políticos, artistas, u otros personajes públicos. Las vidas de personas como Mohandas Gandhi, Marie Curie, I. M. Pei, Igor Stravinski, Mary Shelley, Ray Kroc, Toni Morrison, y Leonardo Da Vinci te llevarán a modelos de pensar fuera del estándar y te llevarán en direcciones nuevas y sin explorar.

Que nunca te dé miedo sentarte un rato y pensar.

Lorraine Hansberry

Cuando cumplí cuarenta años, regresé a la universidad y me gradué mientras criaba muchachos adolescentes y trabajaba tiempo completo.

Este logro me llenó de satisfacción personal y me permitió avanzar a una posición de nivel gerencial medio. La lección que esta experiencia me enseñó fue que yo puedo lograr cualquier meta estableciendo y manejando mis prioridades y teniendo presente que siempre podré cambiar y crecer.

Carol Pfefferrkorn — Directora De Educación, Wisconsin Hospital Association

En mi primer libro, *Hasta las águilas necesitan un impulso*, hay un rompecabezas: sin levantar el lápiz, une los nueve puntos utilizando solo cuatro líneas rectas. Ninguna línea debe pasar más de una vez por el mismo punto. La solución de este rompecabezas se basa en pensar fuera de las líneas, en ampliar tu visión más allá de la caja imaginaria insinuada por los puntos y dibujando las líneas que hacen ambas cosas: unir los puntos y extenderse más allá de estos.

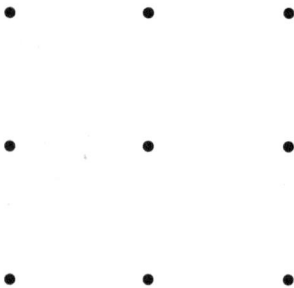

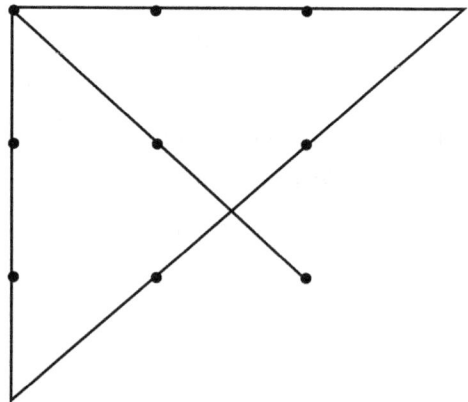

En el nuevo mundo del trabajo, pensar "fuera de la caja" se ha convertido en un imperativo en los negocios.

Pero eso era entonces, esto es ahora. Miremos este ejercicio de nuevo. En esta ocasión imagínate que cada punto representa un área diferente en tu vida y que dentro de cada punto existe un juego de nueve puntos separados y distintos.

**MI
PROFESIÓN**

**MI
ORGANIZACIÓN**

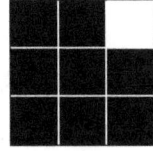

**MI
INDUSTRIA**

**MI
FAMILIA**

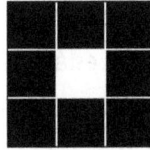

**MI
"YO"**

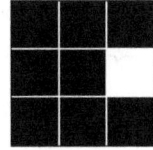

**MI
COMUNIDAD**

**MI
PAÍS**

**MI
IDIOMA**

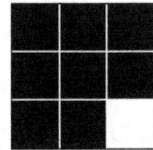

**MI
CULTURA**

El reto constante para cada uno de nosotros es cómo nos salimos de los límites insinuados por estos cuadros. Tenemos que aprender a romper las barreras de nuestros hábitos, experiencias y suposiciones. Dicho de otra forma, si realmente tenemos un compromiso con el prosperar, debemos tener el valor para aventurarnos en el mundo de las posibilidades que se encuentran al otro lado.

En las semanas que siguen, por lo tanto, no importa cuáles sean tus circunstancias presentes, comprueba que estás listo para prosperar implementando lo siguiente:

■ **ANTICIPA EL FUTURO.** Aprende más sobre la dirección estratégica de tu empresa. Conversa con tus clientes, supervisores, o jefes acerca de sus necesidades. Descubre cuáles son sus planes para el futuro y cómo puedes ayudarles a obtener sus metas. Anticipar el cambio te prepara para definir tus necesidades y metas futuras.

■ **HAZ TU PROPIA INVESTIGACIÓN.** Las empresas necesitan invertir mucho en investigación y desarrollo para poder mantener su ventaja competitiva. Cada uno de nosotros necesita investigar en dónde está y hacia dónde quiere ir. Reflexiona para preguntarte y contestar estas preguntas importantes: ¿Qué puedes hacer mejor, más eficientemente y más efectivamente? ¿Cómo puedes servir mejor a tu organización? ¿Cuál será la próxima etapa de tu crecimiento y desarrollo?

■ **EDÚCATE EN FINANZAS.** Atiende seminarios, talleres y otras oportunidades que te ayuden a comprender los aspectos financieros del negocio. Aprende por qué los negocios tienen y mantienen el éxito. Toma cursos en micro y macroeconomía. El propósito no es el de convertirte en un experto, pero sí de estar bien informado acerca de cómo tú, tu empresa y tu país son y serán dramáticamente afectados por la economía global.

■ **ENFÓCATE EN EL MEJORAMIENTO CONTINUO.** Cada uno de nosotros necesita llegar a ser más diestro, tener más conocimientos, ser más adaptable y más versátil. Dependiendo de tu situación, esto significa que leas más libros o atiendas más conferencias; o que tomes un posgrado o varios cursos de capacitación intensiva.

■ **SÉ FIEL CONTIGO MISMO.** Invierte tiempo para explorar formas de ganarte la vida que usen todos tus dones, talentos, destrezas y habilidades. ¿Qué línea de trabajo encontrarías que tendría un verdadero significado para ti? ¿Qué expresaría lo que verdaderamente eres? Para algunos la búsqueda puede tomar meses o años pero no existe otra exploración más importante y remuneradora en la vida.

■ **PIENSA EN GRANDE.** Amplía las posibilidades de tu vida. ¿Cómo quieres que sean las cosas? ¿Cómo ves el éxito? ¿Qué te gustaría hacer eventualmente? ¿Cómo quieres emplear tu tiempo? ¿Con quién quieres asociarte? ¿Dónde y cómo quieres vivir?

Ahora mismo lo que eres y dónde estás es el resultado de cómo tú has pensado y te has comportado hasta este momento en tu vida. Serás lo que serás e irás dónde irás, debido a tu voluntad para adaptarte, cambiar, aprender y crecer. Los que prosperan, como ves, tienen un propósito que los inspira y una visión que los motiva. Lo cual es la combinación más potente para la realización personal y profesional que jamás encontrarás.

El destino no es un asunto de suerte,

es un asunto de elección;

No es algo que uno espera,

es algo que uno logra.

WILLIAM JENNINGS BRYAN

LOS QUE SOBREVIVEN SE ENFOCAN EN

- Mantenerse con el cambio
- Reaccionar a los acontecimientos
- Ir a lo seguro
- Analizar las oportunidades
- Pensar estrechamente
- Considerar las cosas

LOS QUE PROSPERAN SE ENFOCAN EN

- Anticipar el cambio
- Iniciar los acontecimientos
- Arriesgarse
- Crear oportunidades
- Pensar ampliamente
- Hacer las cosas

CÓMO CREAR UNA ORGANIZACIÓN PARA PROSPERAR

- Liderar con el ejemplo
- Enseñarle a la gente cómo responder al cambio positivamente
- Apreciar a la gente estimulándola a aprender y crecer
- Motivar a la gente dándole las herramientas para ampliar su potencial
- Demostrar respeto por medio de una comunicación frecuente y sincera
- Mantener una política de puertas abiertas
- Apreciar a la gente escuchando sus ideas, sugerencias y quejas

2

El Principio de Contribución

Cómo funciona el mundo

Los que prosperan buscan incrementar su contribución —
tienen un claro sentido de propósito.

¿TE HAS DADO CUENTA CUÁNTOS libros en la lista de *best sellers* se enfocan en el dinero? Pregúntale a cualquier grupo de personas en cualquier situación si les gustaría hacer dinero y verás que, con una mirada desconfiada, exclamaran: "¡Claro que sí! ¿Estás loco?"

Ni las personas, ni siquiera las empresas más grandes pueden **hacer** dinero. Tengo un primo segundo en Inglaterra que estuvo preso varios años por **hacer** dinero. En el sumario del juicio el juez dijo: "El acusado hizo un gran trabajo, pero, desafortunadamente para él, el gobierno le ha dado los derechos exclusivos para hacer dinero al Banco de Inglaterra".

El dinero se consigue en tres formas básicas. Robando, ganando una lotería o trabajando. La primera lleva castigos severos. La segunda requiere acertar en probabilidades extremas. La tercera es el resultado de un gran esfuerzo mental y físico. El *Wall Street Journal* no reporta cuánto dinero hizo una empresa, reporta cuánto dinero se ganó. Las ganancias son los resultados de la habilidad de una empresa para atraer y retener clientes con sus productos y servicios, que se pueden suministrar de una manera rentable.

Al nivel personal, las utilidades son la recompensa por convertir destrezas, talentos y energía en un servicio valorado y reconocido por los empleadores, clientes, compradores o consumidores. En otras palabras, las utilidades, ya sean de una empresa o un individuo, son la compensación por contribuir. La comprensión de esta realidad económica nunca ha sido tan importante como ahora, en este mundo de competencia global.

Crear oportunidades para que los seres humanos ganen suficiente dinero para satisfacer sus necesidades inmediatas y proveer para su futuro es una de las metas más importantes que enfrenta la humanidad hoy en día. Un breve estudio de Europa Oriental y el Tercer Mundo nos demostraría que el desarrollo económico es su prioridad más urgente y crítica. "Es vital que la comunidad internacional reconozca que la necesidad inmediata es la creación de empleos", dijo David Wolfensohn tan pronto lo nombraron presidente del Banco Mundial.

El desarrollo económico requiere inversión y la inversión comienza con el capital. El capital es dinero. El dinero hay que ganárselo. A menos que vivas con la noción filosófica conveniente pero falsa de que todas las personas a quienes les ha ido bien económicamente son charlatanes, hay que admitir que ellas tienen mucho que compartir y enseñar acerca de cómo ganar dinero y prosperar.

Vivir dentro de tus medios, ahorrar e invertir prudentemente serían unas de las primeras lecciones. Pero las preguntas que necesitan respuestas son: ¿Cómo se empieza? ¿Cómo se obtiene el dinero para ahorrar e invertir? He aquí, una respuesta que ha demostrado ser la solución a muchos de los problemas más difíciles de la vida: Encuentra una necesidad y satisfácela.

El nuevo empresario, impaciente por la independencia y la riqueza, primero debe descubrir una necesidad excepcional que la gente esté dispuesta a pagar para satisfacerla. Los que buscan empleo deben entender que ninguna organización quiere "darles" un trabajo, pero siempre estarán interesados en alguien que les puede ayudar a tener éxito. Incluso la persona llena de compasión por la humanidad se sirve mejor a través de la búsqueda de una causa, o un problema humano persistente, al cual él o ella le dedicaría el tiempo y la energía para resolverlo.

Sin lugar a dudas, hay progreso. El estadounidense promedio paga el doble en impuestos de lo que antes se ganaba en salarios.

H.J. MENCKEN

Es frustrante cómo la ignorancia o la negación de esta simple premisa, encontrar una necesidad y satisfacerla, es la causa de tanta carencia y envidia. Es mucho más fácil creer en respuestas mágicas, en claves ocultas o en la suerte. Ganar la lotería es suerte. La buena fortuna que resulta de la diligencia, del esfuerzo dedicado a la solución de problemas y a satisfacer necesidades es sin duda merecida.

Leslie Ross es la empresaria que creó *Thymes Limited*, una empresa exitosa de fragancias de uso personal. Cuando empezó, Leslie mantenía una hoja de control pegada a su refrigerador, la cual le informaba cuánto necesitaba vender para alimentar a su familia, pagar el alquiler y mantener la empresa a flote. Leslie se había divorciado recientemente y con poco capital, *Thymes Limited* era una empresa de una sola persona. Ella fabricaba los productos en su cocina, los envasaba en la sala, los vendía y entregaba desde su automóvil.

Sabiendo que tenía sólo un diploma de escuela secundaria y era ingenua sobre el funcionamiento interno de las empresas, muchos pensaban que Leslie tendría pocas posibilidades de éxito. Pero Leslie era creativa, le encantaba lo que estaba haciendo y tenía una idea de lo que hacía falta en el mercado. Existía una necesidad y ella iba a satisfacerla. Con el más sencillo de los comienzos, *Thymes Limited* es ahora una empresa altamente rentable con más de cincuenta empleados y clientes como *Saks*, *Neiman Marcus* y *Harrods* en Londres. Sus productos los usan clientes célebres que incluyen a Kenny Rogers, Naomi Judd y Brett Butler.

Leslie Ross sería una de las primeras en reconocer que es afortunada. Pero quienes la conocen dicen que su fortuna no es de ninguna manera una cuestión de suerte. Es claro que su éxito es el resultado de un gran esfuerzo, de la persistencia y del compromiso de crear productos que la gente necesita y desea.

¡Lo más importante es que Leslie estaba aplicando un principio fundamental de la vida! Un principio que cuando lo acogemos totalmente, nos cambiará la vida para siempre. Es el Principio de Contribución. Este principio se puede expresar de muchas maneras, pero la persona próspera entiende lo siguiente: "Antes de cosechar los cultivos, hay que sembrar las semillas; antes de obtener ganancias, hay que resolver problemas; antes de cosechar del amor, el amor debe demostrarse."

En un mundo que está cambiando a una velocidad vertiginosa, el Principio de Contribución nunca ha cambiado, su verdad es atemporal. Cada logro de gran significado se remonta a un compromiso con este principio.

Reflexiona un momento sobre la gente que realmente admiras. ¿Quién viene a la mente? Tu mamá o tu papá, un maestro o un ministro, un colega, un amigo o un ser querido. ¿Qué hay de aquellas personas que, independientemente de nuestra preferencia política o religiosa, estaríamos pronto de acuerdo en que son de admirar? ¿La Madre Teresa, Nelson Mandela, Walt Disney? Algunos hicieron millones de dólares, mientras que otros llevaban sus posesiones en una bolsa. Sin embargo, ¡Hay algo que hace especial a estas personas!

La respuesta no es tan compleja como parece: las personas más admiradas son los grandes contribuyentes al mundo, aquellos que se centran en las grandes posibilidades y avanzan resueltamente hacia éstas. Las personas más importantes en tu vida son los que contribuyen a tu vida, aquellos cuya mera existencia da sentido a tu vida.

Cuando al Papa Juan XXIII se le preguntó cuántas personas trabajaban en el Vaticano, respondió: "Alrededor de la mitad de ellos."

THEODORE M. HESBURG

Bill Parker, un ejecutivo de relaciones públicas de una compañía de software de tamaño mediano, es un visionario en su trabajo y su comunidad. Bill ha trabajado constantemente para descubrir formas de mejorar la posición de nuestra empresa en la comunidad y retribuirle a la gente del barrio.

Recientemente Bill ayudó a establecer un programa de software para pandillas urbanas para que expresaran sus necesidades y preocupaciones de una manera no hostil. Junto con una fundación sin fines de lucro y las escuelas del barrio, ayudó a crear un programa que los anima a comunicarse usando computadoras y tecnología multimedia. En lugar de incendiar las oficinas del municipio para llamar la atención de las autoridades, estos jóvenes ahora usan herramientas positivas para comunicarse. En este proceso, ellos también aprenden habilidades comerciales que les pueden conducir a empleos reales.

William Warrick — Director Nacional,
Deloitte & Touche LLP

Contribuimos a través de una simple palabra de estímulo o simplemente escuchando. Esto puede implicar una ayuda con un problema personal, profesional o técnico. Contribuimos cosas diferentes en diferentes áreas de nuestra vida. En nuestras familias podemos contribuir con paciencia, amabilidad, atención y orientación hacia nuestros hijos. En el trabajo puede ser energía, creatividad, liderazgo, habilidades, conocimientos o experiencia.

Vicki Spina fue una exitosa reclutadora de empleo durante muchos años, antes de descubrir lo que sería su contribución única a la vida.

"El sector en el cual trabajo comenzó a cambiar bastante y yo no estaba contenta con los cambios. Así que empecé a tomar algunas notas para escribir un libro, pero, por supuesto, no lo tomé en serio. Una noche asistí un seminario llamado *Comprendiéndote a ti mismo y a los demás*. Durante el curso del fin de semana, la facilitadora me preguntó que cuál era mi sueño. Pensé que no tenía un sueño. Me dio mucho miedo de tener que decir la verdad y declarar: "No sé." Pero de pronto se me salió, "Quiero escribir un libro". Y fue gracioso ya que no me di cuenta de dónde salió eso. La facilitadora del seminario dijo: "Bien, ¿Cuándo vas a terminarlo? Dame una fecha".

"Le contesté, 'seis meses'. Terminé regresando a casa toda emocionada y recogí todas mis notas. Casi tres meses en el tema, comencé a desanimarme y me olvidé de todo. Unos meses después regresé al seminario".

"La facilitadora estaba hablando con un joven que había escrito la mitad de un libro sobre el divorcio. Ella le preguntó que por qué no lo había terminado y él le contestó que no sabía. Ella le dijo, 'pues es una pena, porque francamente me hubiera servido. Me divorcié el año pasado'. Entonces le preguntó a toda la clase, '¿Cuántos de ustedes en este salón han escrito solo medio libro?' Levanté mi mano y ella me preguntó, '¿De qué se trata tu libro?' 'De ayudarle a la gente con sus carreras', le contesté. '¡Oh! – respondió con gran entusiasmo – cómo me hubiese servido también. Me hubiera ahorrado muchos dolores de cabeza'".

"Regresé a casa esa noche, saqué el libro, lo desempolvé y me dije, 'Bien, si no estoy dispuesta a hacerlo por mí, necesito hacerlo por otros porque hay un montón de gente sufriendo'".

**Sé que Dios no me dará nada que no pueda manejar,
sólo quisiera que no confiara tanto en mí.**

La Madre Teresa

Cuando el libro de Vicki, *Getting Hired in the 90's* (Consiguiendo empleo en los 90), tuvo bastante éxito, un editor se le acercó para que publicara la segunda edición. Ella le dijo, "Ahora estoy en una situación dónde estoy viviendo mi sueño. Diseñé mi trabajo ideal y lo he obtenido. Me encanta lo que estoy haciendo".

Los grandes líderes, los grandes jefes, los grandes padres de familia, los grandes matrimonios, los grandes amigos y las grandes organizaciones tienen una cosa en común: contribuyen al bienestar de los demás. Los que contribuyen, en otras palabras, siempre dejan un mundo mejor que el que encontraron.

A medida que mi propia vida y carrera han evolucionado y cambiado, el Principio de Contribución ha sido un recordatorio fiable de lo que es constante y significativo. En las primeras etapas de mi vida laboral, me enfoqué solamente en el éxito medido en términos de dólares y centavos. La mía no es una historia poco común. Cuando mi señora y mis cinco hijos me dejaron a mis treinta y siete años de edad, fue cuando me di cuenta de que estaba perdiendo a las seis personas que más contribuían a mi vida. ¡Esto sí fue un verdadero despertar! Todo lo que sabía durante mi intenso dolor emocional era que quería que regresaran.

Estuvimos separados por quince meses, lo que me dio suficiente tiempo para aprender que la felicidad es un resultado de darle prioridad a aquello que más valoras. No podía negar que mi trabajo jugaba un papel importante en mi vida, pero la separación comprobó que el trabajo no sustituía a mi familia. La revelación más poderosa, sin embargo, fue que no es necesario escoger entre el uno o la otra. El secreto estaba en desarrollar la habilidad de combinarlas más hábilmente. (Trataremos esto en más detalle en el Capítulo 7). En realidad, el fracaso de mi matrimonio no lo causó mi obsesión por el trabajo sino el hecho de que mi esposa y yo habíamos dejado de aplicar el Principio de Contribución: habíamos dejado de aportar mutuamente.

Cualquier relación exitosa entre dos personas — en otras palabras, cualquier relación que tenga como base una confianza inequívoca — es una donde cada persona en la relación contribuye de una manera importante a la vida de la otra persona. Su fuente es el compromiso total de darse apoyo mutuo a sus metas y aspiraciones. Mi esposa y yo necesitábamos comprender lo que era importante para cada uno de nosotros como individuos y como pareja. Teníamos que escucharnos, interesarnos y estimularnos.

La directora ejecutiva de una empresa de tamaño mediano compartió conmigo una de las lecciones que aprendió recientemente acerca del Principio de Contribución.

Otoño 1990 — Convicción personal: Los más ricos, los más poderosos y los más hermosos entre nosotros son los únicos que importan. El resto de nosotros existimos para apoyarlos y servirles.

Otoño 1991 — Convicción personal: Todos tenemos un papel importante que jugar. Es nuestro deber determinar nuestro rol y nuestra obligación para cumplirlo. Todos tenemos un lugar importante en el círculo de la vida; tenemos que dar un paso adelante y tomarlo.

Elemento diferenciador: El nacimiento de un ángel, Emily Elizabeth, diagnosticada con el síndrome de Down. Su propósito es recordarnos que ninguno de nosotros es perfecto, pero todos tenemos algo que aportar.

Maureen Gustafson — Directora Ejecutiva,
Mankato Chamber and Convention Bureau
Cámara de Comercio de Mankato y Oficina de Convenciones

Sonríe y el mundo sonreirá contigo. Ronca y dormirás solo.

Mrs. Patrick Campbell

En el momento que aceptamos que nuestra contribución realmente tiene significado, comenzamos a entender que hay un propósito importante y maravilloso para nuestra existencia. La determinación profunda y el compromiso siempre se deben a un propósito importante. Cuando necesitamos la fuerza para manejar los desafíos más difíciles de la vida, un sentido de propósito es nuestro aliado más poderoso. Un sentido de propósito también es la base que usa la persona que prospera para construir un futuro apasionante y significativo.

Durante una entrevista sobre su disco *Golden Heart* (Corazón de oro), Mark Knopfler, el fundador del súper exitoso grupo de rock *Dire Straits*, dijo: "Se ha vuelto importante para una persona inteligente tratar de combatir todo el cinismo que nos rodea hoy. Toda la astucia en el mundo no es tan importante como abordar el alma. Hay canciones que pueden ayudar a la gente a vivir. Fue algo maravilloso para mí cuando recientemente un muchacho me dijo: 'Cuando todos mis problemas me abruman, me voy a casa, escucho tú música y estos desaparecen.'... Me hace sentir muy bien".

Dedicar tiempo para identificar cómo contribuyes ahora y cómo te gustaría contribuir en el futuro, es una de las inversiones más gratificantes y poderosas de tu tiempo que jamás puedas hacer. ¿Es fácil? ¡No necesariamente! El proceso de transformación casi nunca es fácil porque se necesita la disposición para salirnos con valentía de nuestra zona de confort.

Pero ¿por qué esperar? Comencemos el proceso.

*Toma un momento y verifica tu contribución actual, contestando
las siguientes preguntas:*

¿ESTÁS A LA DERIVA POR LA VIDA O TIENES UN DESTINO?

¿CON QUIÉN INTERACTÚAS COTIDIANAMENTE?

¿CREES QUE TIENES LO QUE SE NECESITA PARA HACER UNA DIFERENCIA? EXPLICA.

¿VES OPORTUNIDADES PARA CONTRIBUIR? DE SER ASÍ, ¿DÓNDE? SI NO, ¿POR QUÉ NO?

Ahora evalúa el valor que aportas a tu trabajo:

MIS TRES PRINCIPALES FORTALEZAS EN EL TRABAJO SON:

PODRÍA MEJORARLAS A TRAVÉS DE:

TRES DEBILIDADES QUE TENGO SON:

ALGUNAS FORMAS EN QUE PUEDO COMPENSAR ESTAS DEBILIDADES SON:

¿CÓMO PUEDEN ESTOS CAMBIOS AFECTAR TU VIDA LABORAL?

En su libro *Managing the Non-Profit Organization (Dirección de instituciones sin fines de lucro)*, el renombrado experto en administración, Peter Drucker, dice que cuando tenía sólo trece años, lo inspiró un profesor que hizo la siguiente pregunta a su clase: "¿Cómo quieres ser recordado?". Después de ver miradas perdidas, el maestro de buen humor dijo: "No pensaba que ustedes iban a ser capaces de dar una respuesta, pero si ustedes todavía no pueden cuando cumplan cincuenta años, habrán desperdiciado sus vidas". Drucker decía que la pregunta se había convertido en una de las más importantes en su vida. Ya en sus ochenta años, Drucker continuaba preguntándosela a sí mismo porque, decía, "es que te persuade en renovarte... te empuja a verte a ti mismo como la persona que puedes llegar a ser".

Cuando uno enseña, dos aprenden.
ROBERT HALF

EVALUANDO TU CONTRIBUCIÓN

Ahora aclara la contribución que te gustaría hacer en el futuro, haciendo el siguiente ejercicio: Imagínate que estás sentado en la primera fila de tu propio funeral. ¿Qué pensamientos y sentimientos te gustaría que los presentes experimenten?

ME GUSTARÍA QUE MI FAMILIA Y AMIGOS ME RECORDARAN POR:

ME GUSTARÍA QUE MIS COLEGAS, COMPAÑEROS DE TRABAJO Y CLIENTES ME RECORDARAN POR:

LOS ADJETIVOS QUE ME GUSTARÍA QUE LA GENTE USARA AL DESCRIBIRME SON:

ME GUSTARÍA QUE LA GENTE ME RECORDARA POR HABER MARCADO LA DIFERENCIA EN:

¿Por qué es necesaria esta atención aparentemente microscópica a lo que somos y lo que hacemos? Una razón apremiante es la presión de rendimiento generada por la economía global que está llevando a todas las organizaciones a medir la eficiencia de todos los recursos, especialmente el más costoso de todos: los recursos humanos. Por lo tanto, si queremos prosperar en nuestra vida profesional, tenemos que evaluar continuamente el valor que aportamos a quienes servimos, mientras mantenemos una vigilancia constante sobre cómo podemos incrementar o ampliar nuestra contribución.

A un colega recientemente lo entrevistaron para un puesto de alto nivel. Su actitud era: "He hecho mi trabajo y ahora me merezco esta promoción". En la entrevista le preguntaron acerca de su plan de desarrollo. No lo tenía. No le dieron el puesto debido a su actitud.

Desde esa entrevista su paradigma ha cambiado de ascenso a crecimiento. Después participó en un programa de desarrollo para directivos que mejoró sus habilidades técnicas y de comportamiento. Aunque sigue interesado en ascender, ahora está en mejores condiciones para prosperar debido a su modo de pensar. Además, está tratando de maximizar su contribución a la empresa a través de la educación continua. El resultado es una mayor satisfacción total en su trabajo.

George Arsenemi — Vicepresidente Ejecutivo, Recursos Humanos,
Alliant Food Services Inc.

La misión de elevar el nivel de contribución en el trabajo no es responsabilidad del empleado solamente. Las empresas están empezando a comprender que exigir lealtad y compromiso es absurdo si los empleados no tienen garantías de que tendrán empleo mañana o, como ha sido el caso de muchos, han sido testigos de que sus beneficios se reducen, mientras que las ganancias de la empresa se multiplican. Cuando las empresas empiezan a prosperar, los empleados desean compartir en esa prosperidad.

El *Hays Group*, una firma de consultoría mundial, durante muchos años se ha asociado con la revista *Fortune* para identificar las empresas más admiradas del mundo. Los criterios de selección son rigurosos e implican no sólo el rendimiento de ingresos netos, sino también la capacidad de una empresa para atraer y mantener buenos empleados. Lo que es común entre todos los ganadores, no obstante, es su reconocimiento de que ninguno de sus éxitos sería posible sin la buena voluntad y compromiso de su gente. Si bien esto es retórica común, las empresas más admiradas lo creen y actúan en consecuencia. Hacen todo lo posible para garantizar que sus empleados no sólo reciban una compensación justa, sino también genuinamente cuidarlos, estimularlos y respetarlos como personas completas que tienen múltiples demandas sobre su tiempo y sus lealtades.

Las empresas menos esclarecidas escuchan de repente una sonora campanada de alerta, urgencia e ironía, que proviene de una nueva y significativa tendencia: después de una década de reducción de personal, la marea ha cambiado; ahora muchas industrias se enfrentan a una creciente escasez de personas calificadas y talentosas. No importa la industria que sea, la capacidad intelectual las dirige; lo que significa que la inteligencia humana es más valiosa que nunca y su importancia es cada vez mayor. Sería en del mejor interés de cualquier organización, por lo tanto, reconocer rápidamente que en un futuro cercano los mejores empleados tendrán una creciente variedad de opciones y migrarán a esas organizaciones que clara y activamente están comprometidas en ayudarles a tener éxito, tanto en su vida personal como profesional.

Sólo hay una cosa peor que luchar con aliados y es luchar sin ellos.

WINSTON CHURCHILL

Kun-He Lee, presidente del Grupo Samsung, dice: "Sólo las organizaciones que contribuyen a la humanidad van a durar, las organizaciones que carecen de humanismo y principios morales nunca podrán convertirse en empresas de primer nivel y no perdurarán."

Los Juegos Olímpicos, tal como los conocemos hoy en día, han existido por más de cien años. Nos sirve bien recordar que el renacimiento de este espectacular evento se le debe al compromiso de un hombre que, al ver la necesidad y satisfacerla, hizo una contribución perdurable. Él era un francés, el barón Pierre de Coubertin. Un docente de profesión, de Coubertin creía que lo que el mundo necesitaba, si es que los países iban a convivir en paz, era el "espíritu" de los Juegos Olímpicos.

En la década de 1880, de Coubertin comenzó su búsqueda para revivir un evento que no se había celebrado durante mil quinientos años. Trabajó incansablemente para ganar apoyo y publicidad para su causa. Como parece ser la regla con ideas poderosas, sus esfuerzos fueron recibidos no sólo con apatía, sino también con considerable y sorprendente resistencia.

Pero de Coubertin no era sólo un soñador, era un hombre de acción. Habló con tanta convicción acerca de lo que los Juegos Olímpicos podrían hacer por la causa de la paz y la humanidad que, en 1896, casi diez años después de haber empezado, Atenas, Grecia, fue la primera sede de lo que ahora se conoce como los "modernos" Juegos Olímpicos.

Muchos expertos en negocios usan la "guerra" como una metáfora de las estrategias necesarias para competir en una economía global. Creo, sin embargo, que el mundo está cansado de las guerras y que la continuación de ese simbolismo ya no sirve a lo que la gran mayoría de la gente quiere crear: la paz y la prosperidad mundial. Los Juegos Olímpicos sacan a la luz una distinción digna de nuestra reflexión más profunda: el deseo de ganar contra el deseo de destruir.

Con sus ideales de contribuir al bienestar de todas las naciones, los Juegos Olímpicos ofrecen una visión mucho más estimulante y apropiada para nuestro tiempo.

A medida que la economía mundial gana un impulso aún mayor, los problemas que deben resolverse y las necesidades que deben satisfacerse se multiplican sin cesar. Las oportunidades son abundantes, lo que significa que hay una competición para todos aquellos que verdaderamente quieran jugar. En todo el mundo emerge rápidamente una mentalidad de "Olimpiadas". Más competidores cada vez mejor preparados y motivados están incrementando a pasos agigantados tanto la norma como las apuestas del juego. El prosperar requerirá que estemos mental, física y emocionalmente listos para contribuir al más alto nivel.

A continuación encontrarás algunos ejercicios para que te pongas en las mejores condiciones de juego:

■ **DISEÑA UN PLAN DE CONTRIBUCIÓN.** En lugar de pensar en términos de qué tan alto quieres avanzar en una organización, una forma tradicional de la planificación de una carrera, piensa en términos de lo que quieres contribuir ahora, tres o cinco años a partir de hoy. ¿Cómo puedes influir en tu lugar de trabajo para ser más productivo, agradable y útil para ti mismo, tus compañeros de trabajo y tus clientes? ¿En qué formas nuevas e imaginativas puedes contribuirle a tu familia y a tus amigos?

■ **DESARROLLA UNA DECLARACIÓN DE PROPÓSITO PARA TU VIDA.** Muchos han dedicado cientos de horas desarrollando una declaración de propósito para sus empresas. Sin embargo, pocos le han dedicado suficiente tiempo a descubrir una razón verdaderamente importante de por qué se levantan por la mañana. Tómate tu tiempo para decidir lo que quieres que sea tu vida. ¿Qué legado quieres dejar?

■ **SOLICITA RETROALIMENTACIÓN.** Esta es una forma poderosa y valiente para mejorar el valor de tu contribución. Se necesita valentía para pedirle a la gente que evalúe tu contribución, pero la gente se impresiona con quienes lo hacen. Las personas que continuamente se esfuerzan para satisfacer las necesidades de sus jefes y clientes prosperarán en el nuevo mundo del trabajo.

■ **NUTRE TU POTENCIAL.** Invierte tiempo en la lectura de libros que mejoren tu sentido de lo que es posible para tu vida. Regístrate en cursos que te darían un empujoncito en la dirección que quieres. Los grandes contribuyentes en la vida a menudo comienzan con una lucecita de lo que pueden lograr. Pero, a través de una acción coherente avivan la llama, celebrando incluso las más pequeñas victorias en el camino.

■ **BUSCA QUÉ NECESIDADES PUEDES SATISFACER.** Este secreto del éxito nunca falla para quienes lo practican. ¿Qué necesidades puedes satisfacer en tu hogar, en el trabajo o en la comunidad? Una vez que hayas encontrado una necesidad, haz algo al respecto. Haz un voluntariado de un par de horas al mes para ayudar a otros. Pocas cosas lo llenan a uno de satisfacción tanto como alegrarle la vida a otra persona.

Un ministro se detuvo a un lado de una carretera para admirar una hermosa finca. Desde los campos hasta los graneros todo se veía limpio, natural y bien organizado. Pronto se presentó el granjero y saludó al ministro, quien de inmediato exclamó: "¡Dios sí ha sido generoso con usted, hijo mío. Usted tiene una magnífica propiedad!" El granjero pensó por un momento, miró a su alrededor, y luego contestó: "Sí, es cierto. Él lo ha sido, pero debería usted haberla visto cuando era toda sólo del Él".

La verdadera historia del éxito

es el éxito continuo de la

persona común y corriente que es sensible

a los problemas, inteligente con sus opciones,

y consciente de darles seguimiento —

tomando medidas constantemente para

avanzar en la vida.

Debido a que millones hacen esto

en un mayor o menor grado, el mundo

avanza y la grandeza individual es posible.

David Crisp - Vicepresidente, Recursos Humanos, Hudson's Bay Company

QUIENES SOBREVIVEN SE ENFOCAN EN

- Hacer dinero
- Recibir órdenes
- Dar respuestas
- Hacer solamente lo que se les pide
- ¿Cómo gano?
- La vida es una lucha

QUIENES PROSPERAN SE ENFOCAN EN

- Ganar dinero
- Descubrir necesidades
- Resolver problemas
- Crear valor agregado
- ¿Cómo ganamos?
- La vida es una aventura

CÓMO CREAR UNA ORGANIZACIÓN QUE PROSPERA

- Liderar con el ejemplo
- Tener un propósito claro y fortalecerlo regularmente
- Tener una visión inspiradora y difundirla constantemente
- Aclarar y ayudar a los empleados a comprender el propósito de su empleo
- Educar a la gente en el conocimiento empresarial — el propósito de la utilidad
- Reconocer el valor que los empleados le aportan a la empresa
- Reconocer el buen desempeño temprano y con frecuencia
- Fomentar la toma de decisiones compartidas
- Premiar a quienes contribuyan – no a los políticos

RESPONSABILIDAD PERSONAL

Son las 6 AM y ¿todavía estás en cama?

Quienes prosperan asumen responsabilidad personal por sus carreras y su felicidad — son auto-facultados.

UNA TARDE OTOÑAL UNOS ESPOSOS DECIDIERON dar una vuelta en automóvil. Era un magnífico día, el sol brillaba, el aire era claro y fresco y el invierno parecía lejano. Mientras la pareja conducía a lo largo de las calles rurales que rodeaban su casa, se maravillaban al ver el impresionante espectáculo de colores a ambos lados de la calle: anaranjados y rojos brillantes, marrones profundos y dorados suntuosos.

De repente, sin previo aviso, dos motociclistas en chaquetas de cuero venían disparados en un carril tranquilo y casi oculto. Los motociclistas, que casi chocan con el automóvil de la pareja, se perdieron de vista en un instante. Agitado y nervioso, el esposo se hizo a un lado de la calle y detuvo el auto. Pareciera que habían pasado sólo unos segundos cuando una explosión en la distancia los asustó aún más.

El esposo inmediatamente giró el automóvil en la dirección por la que vino el sonido. Condujeron solo unos 30 metros cuando pudieron ver lo que había sucedido: los motociclistas se habían estrellado contra una baranda rompiéndola y cayéndose por la colina. Una de las motocicletas estalló en el impacto. Cuando el esposo se iba a bajar del automóvil para bajar por la colina, su esposa rápidamente lo agarró del brazo y le preguntó:

"¿Qué estás haciendo?"

"Tengo que bajar para ver quién necesita ayuda", le contestó.

"¡Espera un minuto!" le advirtió ella. "Tal vez no sea prudente. ¿Cómo sabes que no habrá otra explosión?"

El esposo se detuvo mientras los pensamientos galopaban por su mente. ¿Qué debería hacer? Sin darse cuenta lo confrontaba uno de esos momentos que pueden definir una vida. No lo solicitó, no lo deseaba, pero ahí estaba mirándolo directamente a su cara. Lo que decidiera podría tener un impacto dramático en su propia vida, la de su familia, así como en la de los posibles sobrevivientes abajo de la colina.

Brincó la baranda torcida y con mucho cuidado y precaución bajó el terraplén. Encontró a los motociclistas vivos. De pronto se acordó de su teléfono móvil y regresó corriendo a su automóvil, llamó a una ambulancia y pronto dos afortunados jóvenes estaban siendo trasladados a un hospital. ¿Fue esta la decisión "correcta"? Quizás. Los motociclistas se recuperaron totalmente. Por otra parte, la preocupación de su esposa se justificaba. Si la otra motocicleta hubiese explotado, los tres podrían haber muerto. Al igual que muchas de las decisiones más importantes en nuestras vidas, la respuesta rara vez es evidente.

Vivir es tomar continuamente decisiones que forman la esencia de quienes somos. Todos los días están llenos de momentos decisivos, de oportunidades para demostrar nuestra valentía y construir nuestro carácter. Los que prosperan se responsabilizan por sí mismos y por su papel en este mundo lo cual, sin duda, es lo que los caracteriza.

Vivir es tomar continuamente aquellas decisiones que forman la esencia de quienes somos.

David McNally

Pero ¿por qué asumir una responsabilidad personal es tan difícil para tanta gente? Una respuesta, sin duda, es que cuando nos enfrentamos a eventos adversos y sorpresas desagradables, encontrar a alguien o algo a quien culpar proporciona una solución rápida para calmar nuestro dolor.

Culpar a otros por nuestros problemas es otra manera de expresar que obtendríamos lo que queremos, lo que nos merecemos, si otros hicieran lo que les corresponde, o si las circunstancias fuesen diferentes. Los que asignan culpas tienen numerosos blancos a su disposición para justificar el rol popular de "víctima": los acuerdos de comercio internacional, la competencia desleal, las grandes empresas, los fanáticos religiosos, gobiernos demasiado grandes o que no hacen lo suficiente; existe un villano para cada problema.

Tenemos que reconocer que hay muchas víctimas genuinas. Las guerras, los desastres naturales, los fraudes: todo esto puede traumatizar y devastar a cualquiera. En tiempos recientes el esmero de muchos parece no haber tenido ningún significado, por la manera tan insensible en que muchas organizaciones han reducido su tamaño. El choque es real, tal como el de muchos que experimentan por primera vez las injusticias de la vida o, como el rabino Harold Kushner dice: "Cosas malas le suceden a la gente buena". Aquí es cuando la ira y el dolor confluyen y son comprensibles.

Sin embargo, hay una diferencia importante entre experimentar dolor o sufrimiento y tener una mentalidad de "víctima" en virtud de la cual culpamos a otros, buscamos excusas, nos negamos a aceptar la realidad e incurrimos en otras formas de comportamiento autodestructivo.

El cinismo y la enajenación pueden ser respuestas comprensibles para la víctima genuina; pero si nos quedamos atascados en estas actitudes y comportamientos, el precio final es la derrota del espíritu humano. El cinismo es el cáncer de la mente. Comienza y se propaga cuando nos desilusionamos con el mundo porque sentimos que no es como debería ser.

Un periódico recientemente le pidió a sus lectores que compararan sus expectativas acerca de su edad adulta con sus vidas reales. "No importa lo duro que uno trabaje o lo bien que uno se comporte, el éxito siempre estará en manos de otros", contestó un encuestado. "Inteligencia, habilidad y lealtad simplemente ya no importan. Todo es cuestión de influencia, poder y control".

¿Existe una cura para el cinismo? Nelson Mandela, el líder surafricano, estuvo encarcelado durante veintisiete años por su oposición a la segregación racial. Después de su liberación tenía todas las razones para ser un hombre cínico. En lugar de ello, se convirtió en un símbolo de esperanza, reconciliación y perdón; y valientemente lideró a su país para superar las sombras de un pasado represivo.

En su libro *Long Road to Freedom* (*El largo camino hacia la libertad*), Mandela escribe: "He descubierto que después de escalar una gran colina, uno encuentra que hay muchas más colinas por escalar. He tomado un momento para descansar, para robarme una vista del panorama glorioso que me rodea, para mirar hacia atrás en la distancia que he recorrido. Pero puedo descansar sólo por un momento, ya que con la libertad viene la responsabilidad. No me atrevo a remolonear, porque mi larga caminata aún no ha terminado".

Por lo tanto, tomando la posición de que el éxito siempre estará en manos de otra persona puede ser conveniente en el corto plazo. Sin embargo, en última instancia, no es cierto. ¡Es una declaración de alguien que ha renunciado, que ha entregado su destino a "ellos", quienquiera que "ellos" sean!

Hace tiempo me di cuenta de que la gente que obtiene logros rara vez se recostó y dejó que las cosas le sucedieran. Emprendieron y las hicieron suceder

ELINOR SMITH

Casey Stengel dijo: "Llega un momento en la vida de cada persona y yo he tenido muchos de ellos". Habrá muchas ocasiones en nuestras vidas en que nos encontraremos en una encrucijada. Un camino dice "víctima", el otro, "responsabilidad personal". Tenemos que decidir cuál de los dos vamos a tomar. Un camino nos lleva a la atrofia mental, el resentimiento y la desesperación; el otro, al perdón, la fe y la esperanza. Nelson Mandela tomó el segundo camino y sobrevivió un encarcelamiento que hubiese quebrantado el espíritu de muchas personas.

¿Entonces, qué se necesita para romper las cadenas de la victimización?

El primer paso es la **aceptación**, la capacidad de aceptar y afrontar la verdad, no importa cuáles sean las circunstancias. Esto implica **valentía**, la voluntad de mirar hacia el futuro, tener fe, atreverse a ver nuevas posibilidades. En otras palabras, si vamos a soñar una vez más por una vida mejor, se llega a ese momento en el que debemos dejar ir el pasado y estar dispuestos a seguir adelante. Finalmente se requiere **acción**, acción positiva, acción orientada hacia los objetivos, acción que lleva a la persona a convertirse de nuevo en un ser humano que contribuye.

Stephen Crane escribió: "Un hombre le dijo al universo: '¡Señor, yo existo!'

El universo respondió, "[Ese] ... hecho no ha creado en mí un sentimiento de obligación."

Hace años estaba en las oficinas de Wayne Stood, presidente de Evelyn Woods Reading School (Academia de lectura Evelyn Woods). Él acababa de entrevistar a un candidato para ventas. El hombre salía mientras yo entraba a la oficina de Wayne, quien me preguntó mi opinión sobre él. Le contesté que el hombre lucía desanimado y no estaba vestido apropiadamente para una entrevista.

Wayne me comentó que el hombre tenía la mejor ropa que podía costearse, usada pero limpia, continúo comentándome que el hombre le dijo que nunca le habían dado una oportunidad en su vida y nadie había estado dispuesto a hacerlo. No obstante, no tenía ningún resentimiento. Mientras hablaban, Wayne me dijo que se dio cuenta de que tenía una actitud positiva, imaginación, y un fuerte deseo de querer ser alguien. En resumen, tenía todos los ingredientes de un ganador potencial.

Años más tarde me encontré con Wayne en un seminario en Austin, Texas y le pregunté por el hombre a quien había conocido brevemente ese día. Me respondió que lo había contratado y que había llegado a ser uno de los mejores vendedores en su organización; agregó que el hombre tenía el deseo y la voluntad de ganar. Todo lo que hizo Wayne fue proporcionarle las herramientas y, lo más importante, ayudarlo a que dejara de verse como un perdedor. "El día en que comienzas a ganar en la vida es el día en que te cansas de perder", concluyó.

Gene Krajewski — Consultor, Corporate Education Center, Eastern Michigan University. (Centro de Education Empresarial, Eastern Michigan University)

La sociedad contemporánea, con sus mensajes publicitarios enfocados en reducir al mínimo cualquier forma de incomodidad, no contribuye a la causa de la responsabilidad personal. Parece que hay un medicamento para anestesiar cualquier posible dolor. A pesar de esto, incluso el dolor tiene un propósito. "Hay dos tipos de dolor — escribe el autor James Ryan — y no podemos evitarlos. El primero es el dolor de la disciplina. El segundo es el dolor del remordimiento. El dolor de la disciplina pesa unos cuantos gramos. El dolor del remordimiento pesa una tonelada".

Asumir la responsabilidad de nuestras vidas significa estar dispuestos a hacer un esfuerzo ahora, ya sea levantarse temprano en la mañana para hacer ejercicios, someterse a un presupuesto para controlar nuestras finanzas, ahorrar e invertir para prepararnos para el futuro, o ser disciplinados donde evidentemente es necesario, porque reconocemos que, a la larga, estaremos en mejor situación por haberlo hecho.

En el negocio de los seguros pasamos por ciclos de ventas excelentes en las líneas de daños y accidentes. La tendencia natural de nuestra gente (y de la gerencia) es evitar la prospección y entrevistar gente.

Durante uno de estos ciclos, un nuevo agente recibió una llamada telefónica sobre un seguro para motocicletas. Las comisiones son pequeñas en este tipo de seguros y se consideran una pérdida de tiempo. No obstante, este nuevo agente programó una cita, mientras que sus compañeros de oficina se burlaban de él.

Cuando el agente llegó a la cita, presentó el seguro para motocicletas. Pero también, revisó todos los seguros que poseía el cliente potencial. No solamente vendió la póliza de la motocicleta, sino también cinco pólizas adicionales. Este agente asumió la responsabilidad de edificar su futuro.

Gary Hammer — State Sales Director, (Director De Ventas),
American Family Insurance

Si los ciudadanos de los Estados Unidos llegan a ser libres y felices, la culpa será enteramente de ellos.

GEORGE WASHINGTON

Con el fin de que este tema de responsabilidad personal no nos abrume, tenemos que ser muy claros acerca de lo que podemos y no podemos hacer. Se equivocan aquellas personas que asumen responsabilidad por todo y por todos. Existe una diferencia importante entre ante quién somos responsables y de qué somos responsables. Todos somos responsables ante los demás por nuestro comportamiento: ser honestos, respetar los derechos ajenos, tratar a los demás con dignidad y cumplir con los compromisos que hemos adquirido. No somos responsables por la felicidad de los demás, de sus éxitos ni de sus decisiones. Podemos asumir responsabilidad sólo por nosotros mismos y, cuando creamos que es apropiado, tratemos de influir en los demás. Tratar de controlar a los demás es un ejercicio de futilidad y frustración.

En ninguna parte esto es más evidente que en el papel de padres. Tal como lo he observado en mi propia familia: los hijos crecen de niños manejables a impredecibles y misteriosos adolescentes, lo cual me ha abrumado siempre. Mis hijos han hecho pedazos todas las teorías motivacionales que se han descubierto. Mi esposa y yo creemos que somos conscientes, plenamente conscientes, de nuestro deber de darles a conocer los hechos, llevarlos a practicar deportes, decirles que los amamos todos los días, amar a Dios y "estar en todo" como padres.

Nunca prestes tu automóvil a nadie
a quien hayas dado a luz.

ERMA BOMBECK

He aprendido que cada persona es única sin duda, una creación no sólo destinada, sino obligada a seguir su propio camino. Tú puedes guiar, pero no puedes tomar el lugar del otro en el camino de la vida. Las siguientes palabras en _El Profeta_, de Kahlil Gibran, me han ayudado a reconocer los límites de mi poder: lo que puedo y no puedo hacer.

Tus hijos no son tus hijos.

Son los hijos e hijas de la vida anhelando por sí misma,

Vienen a través de ti, pero no de ti,

Y aunque están contigo, no te pertenecen.

Puedes darles tu amor, pero no tus pensamientos,

Porque ellos tienen sus propios pensamientos.

Puedes abrigar sus cuerpos, pero no sus almas,

Porque sus almas moran en la casa del mañana, que

no puedes visitar ni siquiera en tus sueños.

Puedes esforzarte en ser como ellos, pero no intentes hacerlos semejantes a ti.

Porque la vida no retrocede ni se detiene en el ayer.

Después de todo lo que hemos discutido, puede que no sea fácil entender y aceptar que la mayor parte de lo que sucede en el mundo está fuera de nuestro control. La lucha por el poder y el deseo de controlar ha causado más estragos y devastación que cualquier otra cosa. La responsabilidad personal es la comprensión de que lo que podemos y necesitamos controlar es a nosotros mismos. En otras palabras, incluso en medio de una gran incertidumbre y agitación, siempre tenemos opciones. Podemos decidir cómo percibimos una situación y cómo reaccionamos ante ella.

The Wall Street Journal en una ocasión publicó la historia de Suzy Kellett. Suzy soñaba con criar una familia con su marido en su casa en Idaho. No esperaba, sin embargo, que la familia viniera toda junta. Ella dio a luz a cuatrillizos. Diez meses después su marido la abandonó. Pensando que sus opciones eran limitadas, Suzy se mudó de nuevo a la casa de sus padres en Illinois. Para sostener a su nueva familia aceptó el primer trabajo que encontró: como recepcionista en una revista.

Si Suzy era una víctima, sólo ella lo sabía porque los que trabajaban con ella eran testigos del trabajo de una persona con determinación para seguir adelante con su vida. Suzy ascendió a puestos de edición y de investigación con la revista y luego, después de ir a trabajar en la Illinois Film Office (La Oficina de Cine de Illinois), le ofrecieron el cargo de directora de la agencia. Sus responsabilidades incluían atraer a los productores de cine para que hicieran sus películas en el Estado. Sus éxitos incluyeron *Home Alone* (*Mi pobre angelito*) y *Risky Business* (*Negocios riesgosos*). Suzy ahora es jefe de Washington State Film Office en Seattle (La oficina de cine del estado de Washington).

Lo extraordinario acerca de la historia de Suzy es que se las arregló para tener éxito en su vida profesional, a pesar de enfrentar todas las presiones típicas de la mayoría de las familias trabajadoras. Su familia tiene un vínculo profundo, por su amor y su compromiso de mantenerlos a todos juntos. Sus hijos sabían que la vida sin un padre en el hogar iba a ser dura, pero ella nunca permitió que en sus mentes naciera la duda de que ellos triunfarían. Que Suzy creía en la responsabilidad personal se evidencia en un comentario de su hija Gwen: "las reglas de oro de mamá son: Adáptate. No pierdas tiempo. Y haz lo que quieras hacer".

**A veces hay que mirar
a la realidad a los ojos y negarla.**

GARRISON KEILLOR

*Toma unos minutos para reflexionar sobre algunas de las opciones
y las decisiones que enfrentas en tu vida ahora mismo.*

¿QUÉ OPCIONES ENFRENTAS EN TU TRABAJO? ¿EN TU CASA?

¿QUÉ HAY A FAVOR Y EN CONTRA DE ESAS OPCIONES?

¿CUÁNDO VAS A TOMAR UNA DECISIÓN?

¿QUÉ DIFERENCIA HABRÍA?

¿DE QUÉ ERES RESPONSABLE?

Ahora toma más tiempo para hacer una pausa y llenar el siguiente "inventario de responsabilidades". Piensa en presentes y futuras responsabilidades en diferentes componentes de tu vida. Entre más específico seas, mejor.

EN CASA:

PRESENTE	FUTURO

EN EL TRABAJO:

PRESENTE	FUTURO

EN LA COMUNIDAD:

PRESENTE	FUTURO

¿DE QUÉ NO ERES RESPONSABLE?

*Parte de aceptar responsabilidad personal por tu vida también implica
ser consciente de aquellas cosas de las que tú no eres responsable.
Simplemente no podemos ser todo para todos.*

EN CASA:

EN EL TRABAJO:

EN LA COMUNIDAD:

Cada día tomamos decisiones sobre cómo utilizar el bloque de tiempo que es la materia prima de nuestras vidas. Lo hacemos incluso sin ser conscientes de ello. Nuestras vidas hoy son el resultado de todas las opciones y decisiones que hemos tomado hasta ahora. Si nos consideramos personas creativas, somos, de hecho, los creadores, los escultores de nuestra vida.

En esta última década hemos tenido cambios fundamentales en nuestra organización. Esto significa que adoptamos nuevos estilos de liderazgo y transformamos nuestro enfoque del servicio a nuestros clientes. Nuestro éxito es prueba de que las estrategias han funcionado, pero el proceso reveló que muchas personas no podían cambiar. Algunos ni siquiera lo intentaron. En muchos sentidos, el mercado actual es muy inflexible. La gente y las organizaciones tienen que adaptarse y responsabilizarse si quieren tener éxito.

James Campbell — Vicepresidente Ejecutivo,
Norwest BanK MN, NA

En un futuro que promete más y más cambios, más y más desafíos y aún más y más oportunidades, las personas que prosperan tendrán una idea clara de lo que quieren para su futuro, qué opciones tienen para la creación de ese futuro y qué pasos toman hacia él. Ser responsable significa que estás planificando tu viaje, decidiendo tus objetivos y preparándote para asegurarte de que tendrás la mejor oportunidad de llegar con seguridad a tu destino. A la larga, la responsabilidad personal significa que estás tomando las riendas de tu vida y no estás esperando que las cosas sucedan por sí solas.

Siempre escuchamos acerca de los que tienen y los que no tienen, ¿Por qué no escuchamos hablar de los que hacen y los que no hacen?

THOMAS SOWELL

He aquí algunas formas de canalizar tu poder creativo hacia las cosas que puedes controlar: tus actitudes y tus acciones.

■ **REVISA TU ACTITUD.** ¿Es la responsabilidad personal un valor importante para ti? ¿Estás dispuesto a ser más responsable? Tener la actitud correcta es fundamental para un comportamiento responsable en el trabajo y en el hogar. Presupone la voluntad de aprender y crecer, de admitir con prontitud cuando te equivocas, y continuar en tu camino.

■ **HAZ LO QUE DICES.** Haz las cosas que dices que vas hacer. Haz que tu "sí" quiera decir "sí" y tu "no", signifique "no". La gente confía y respeta a quienes cumplen con sus compromisos, los que hacen las cosas "sin importar lo que pase". ¿Eres una persona con quien se puede contar con que cumplirá, a pesar de los obstáculos?

■ **COMPROMÉTETE CONTIGO MISMO.** La responsabilidad personal no es solamente ser responsables con los demás; también significa fomentar nuestro propio crecimiento. Nuestro crecimiento como seres humanos sin duda significa hacer lo correcto, incluso cuando es difícil. Pero la responsabilidad personal también significa hacer lo que nos traiga más alegría y satisfacción en la vida.

■ **PLANIFICA.** Las personas responsables se hacen cargo de sus destinos. Toma en serio las cosas que quieres en la vida, desde tu salud física, mental y espiritual, hasta tus planes de jubilación. Planifica y te sorprenderás de ver que es mucho más posible obtener lo que buscas.

■ **HAZ UN ARREGLO CON UN AMIGO.** ¿Hay algunas cosas que tú realmente quieres lograr pero las sigues posponiendo? Entonces, haz arreglos con un amigo para que te ayude. Escoge a una persona de tu confianza y le explicas qué es lo que quieres hacer. Identifica algunos pasos concretos y específicos necesarios para obtener tus objetivos, incluyendo las fechas para cada paso. Comparte esta lista con tu amigo y prométele informarle cuando hayas cumplido con cada paso.

■ **HAZLO.** Ser responsable significa tomar decisiones, cualquier decisión que mejore tu calidad de vida. Evita la "parálisis por análisis". Muy a menudo tenemos claro lo que necesitamos hacer y aún así, no lo hacemos. Piensa en una decisión que has venido aplazando en tu vida y comprométete a hacerla realidad. Experimenta la energía que acompaña a este entusiasmo de continuar con tu vida.

La vida está en su mejor momento cuando se sacude y se agita.

F. PAUL PACULT

En la revista *Parade*, Tom Seligson cuenta una historia sobre el famoso actor estadinense-mexicano Edward James Olmos, quien creció en la pobreza en el oriente de Los Angeles. Olmos vivía con otros diez miembros de su familia en tres cuartos. Sus padres se divorciaron cuando él tenía siete años.

Hoy Olmos pasa una gran cantidad de su tiempo visitando niños de orígenes similares al suyo, pero que están encarcelados. Quiere que sepan que tienen opciones. Olmos les dice: "hay quienes dicen que no tienes otra opción. Eres pobre, moreno o lisiado. Sin padres. Puedes utilizar cualquiera de esas excusas para detener tu crecimiento. O puedes decir: 'bien, aquí es donde me encuentro, pero no voy a permitir que eso me detenga. Al contrario: lo uso a mi favor y lo convierto en mi fortaleza.' ¡Eso fue lo que yo hice!"

Cada vez que un joven vence al miedo,

eso es un gran logro.

Cada vez que una persona dice "lo siento",

eso es un gran logro.

Cada vez que alguien se defiende,

eso también es un gran logro.

LAURA MEDINE - 13 AÑOS DE EDAD, ST. FRANCES SCHOOL (ACADEMIA SAN FRANCIS),
ROCHESTER, MINNESOTA

LOS QUE SOBREVIVEN SE ENFOCAN EN

- Culpar el pasado
- Encontrar culpables
- Justificar "Por qué no"
- Acusar
- Evitar los problemas
- Conservarse

LOS QUE PROSPERAN SE ENFOCAN EN

- Planificar el futuro
- Buscar soluciones
- Descubrir "Por qué"
- Ser responsable
- Ser claro
- Autodisciplina

CÓMO CREAR UNA ORGANIZACIÓN QUE PROSPERA

- Liderar con el ejemplo
- Comunicarse francamente para que otros sepan a qué atenerse
- Gestionar con puertas abiertas para que los empleados se sientan como socios
- Escuchar, sintonizarse con los problemas – los de la empresa y los personales
- Crear un ambiente "triunfador", donde la gente pueda elevarse más allá de sus responsabilidades normales
- Tener la valentía para decir que no, y no tener miedo para decir que sí
- Facultar - darle a la gente la autoridad para tomar decisiones y exigirle responsabilidad por los resultados

5

DESCUBRIENDO TUS DONES

Nace una estrella

Los que prosperan aprecian su singularidad —
entienden el valor que aportan al mundo.

ELIE WIESEL, SOBREVIVIENTE DEL HOLOCAUSTO Y PALADÍN de los derechos humanos, nos habla de un rabino que comentó que cuando nos vamos de este mundo y nos presentamos enfrente a nuestro Creador, no nos van a preguntar por qué no llegamos a ser un líder famoso o contestar sobre los grandes misterios de la vida. La pregunta será simplemente por qué no llegamos a ser la persona totalmente activa y realizada que teníamos el potencial de llegar a ser.

Tú y yo estamos entrando en aguas desconocidas. Corrientes de cambio económico, político, social y tecnológico están alterando para siempre las naciones, las comunidades, las familias y los lugares de trabajo. La humanidad está siendo desafiada para adaptarse y evolucionar en nuevas e indeterminadas direcciones. Pero una cosa es cierta: más allá de las poderosas oleadas de cambios, hay océanos de posibilidades.

Puedes pensar, "tal vez estos son tiempos increíbles y pueden existir oportunidades para las personas extraordinarias con talento, inteligencia y ambición. No obstante, sólo soy una persona normal".

La idea de que uno tiene que ser extraordinario para prosperar en el mundo de hoy hace que un gran número de personas se sientan inadecuadas y desanimadas. Pero si uno está dispuesto a dar un paso atrás y reflexionar sobre la humanidad como una creación, todos los seres humanos, en su propia y única manera, somos extraordinarios. Todos venimos equipados con nuestra propia y especial genialidad.

Por supuesto que yo puedo comprenderte si otra vez piensas: "¿Genio? ¿Quién, yo? ¡No insultes la poca inteligencia que tengo!". Pero si los gigantes intelectuales como Albert Einstein, Madame Curie y Leonardo da Vinci son nuestros únicos ejemplos de genios, nos hacemos un gran perjuicio. Jay Beecroft, quien fue vicepresidente de recursos humanos de 3M Corporation, resumió de esta manera sus muchos años de trabajo con miles de personas: "Nunca he conocido a una persona que en algo no sea superior a mí. Pero tampoco he conocido nunca a una persona que en algo yo no sea superior a él o ella!"

El diccionario Webster define la palabra genio como "una tendencia fuerte o inclinación" y "un carácter o espíritu distintivo o identificable". ¿Dentro de esas definiciones, es un autoengaño o es posible que cada uno de nosotros podría calificarse como genio? Y uso la palabra "genio" de manera deliberada y provocativa para reclamar lo que creo que es nuestro derecho de nacimiento en la extraordinaria familia humana. Una familia en la que, a pesar de los miles de millones que han existido y que están vivos hoy en día, es indiscutible que ninguno de sus miembros ha poseído las características, o la combinación de dones y talentos, exactamente iguales a las de otra persona.

Sin embargo, el genio que cada persona trae a la vida es de rutina ignorado o subvalorado. Como resultado, muchos aceptan jugar un papel estrecho o de menor importancia en el partido de la vida. Para nuestros propósitos, es esencial investigar por qué.

La razón más triste y más común es que muchos de nosotros en nuestros primeros años no recibimos el estímulo y el apoyo necesarios para cultivar nuestro genio. Muchos padres están demasiado ocupados sobreviviendo, para notar los dones de sus propios hijos. Otros pueden carecer de la visión, las habilidades o los recursos para cultivar los

El genio es paciencia eterna.
MIGUEL ÁNGEL

talentos de sus hijos. Los padres cuya propia creatividad y potencial fueron reprimidos a una temprana edad, a menudo ni siquiera son conscientes de cuán talentosos y especiales son sus hijos. "Todos los niños nacen siendo genios", escribió el famoso inventor Buckminster Fuller, "y luego pasamos los primeros seis años de sus vidas quitándoles sus dones".

La escuela puede ser un gran avance, pero sin profesores conscientes y comprometidos, a un niño se le puede "enseñar", pero no se le puede "educar". Esta es una distinción crítica. La palabra "educación" viene del latín exducere que significa producir o extraer. Decir que uno ha tenido una buena educación debería expresar no sólo que uno tiene más conocimientos, sino que sus dones especiales o inclinaciones se han extraído, expuesto y examinado; y se han usado como pistas para dirigir la vida de uno. Este conocimiento de que existe algo único acerca de nosotros mismos nos proporciona un sentido de propósito y la conciencia de que nuestra existencia es importante.

Mientras que los educadores están comenzando a reconocer que los niños aprenden y crecen en muchas formas diferentes, todavía hay poca flexibilidad en los métodos de enseñanza de antaño, que desconectaron de la educación a las generaciones anteriores. Los honores públicos los siguen recibiendo aquellos estudiantes que tienen éxito en el aula, lo cual por sí solo no está mal, como una celebración de lo logrado con arduo trabajo. Pero lo que a menudo se implica es que aquellos estudiantes que no están siendo elogiados no son "tan brillantes". Peor aún, algunos pueden ser categorizados como "lentos para aprender", lo que puede ser no sólo psicológicamente perjudicial, sino también, en muchos casos, simplemente falso. Aquellos que han sido catalogados de esa forma y que no han tenido la suerte de aprender de otra manera, llegan a la conclusión de que como no son "tan brillantes", ese es su destino en la vida. Como resultado, sus aspiraciones coinciden con lo que ellos creen que son sus limitaciones que, de hecho, quedan demasiado por debajo de su potencial real.

Nuestra familia sabe el dolor que se experimenta cuando el talento de un niño no se reconoce. Una de mis hijas tenía dificultades considerables en el colegio, pero yo no tenía ni idea de la profundidad y el significado de sus luchas. De hecho, no fue sino hasta mayo de su último año en la escuela secundaria que sus retos salieron a relucir. El rector me llamó para decirme que nuestra hija no se iba a graduar.

Su mamá y yo quedamos destrozados. ¿¡Cómo podía ser esto posible!? En una reunión con sus profesores nos dijeron que le hacía falta un crédito para llenar los requisitos de grado. Después nos enteramos de que no solo había estado faltando a clases, sino que había faltado demasiado. Pero he aquí la razón: su incapacidad para aprender en la manera en que se le enseñaba en el colegio poco a poco había debilitado y destruido su confianza hasta tal punto que los riesgos y las consecuencias de faltar a clases eran para ella mucho menores que el dolor de sentirse cada día más inferior y "estúpida".

Lo que es la suerte, en ese entonces me habían presentado a una organización que se llama *Square One* (Nuevos comienzos) en Minneapolis, Minnesota. Ellos estaban interesados en usar mi libro, *Hasta las águilas necesitan un impulso*, con sus clientes. Solo caí en cuenta de la ironía de la situación más tarde. Su negocio consistía en evaluar las aptitudes de jóvenes y adultos. Su propósito no solamente era identificar los dones y talentos naturales, sino también las carencias de aptitudes. El objetivo era suministrar asesoría precisa y fidedigna para carreras y proyectos de vida.

Aunque el original siempre es difícil de encontrar, es fácil de reconocer.

John L. Mason

Mi hija es una persona muy inteligente y yo estaba decidido a descubrir las soluciones a sus dificultades. Afortunadamente, ella estaba dispuesta a participar en su evaluación. Los resultados presentaron un nuevo mundo de comprensión y oportunidades. En su primera sesión privada con el consejero, sus primeras palabras fueron: "Me parece que posiblemente tuviste momentos difíciles en el colegio". ¡Mi hija se quedó asombrada! ¿Cómo lo sabía? ¿Qué había descubierto?

La calificación más baja de mi hija fue en la aptitud necesaria para aprender en la forma que le habían enseñado. Era, de hecho, casi imposible para ella comprender el formato abstracto de estilo conferencia de muchas de sus clases. Su cerebro simplemente no funciona de esa manera; por lo tanto, sus intentos de aprender trajeron sólo lágrimas de frustración constante. Más perjudicial, sin embargo, eran las decisiones negativas que en su interior estaba haciendo con respecto a sus capacidades y posibilidades.

Pero ahora teníamos la oportunidad de comenzar la reparación de este frágil ego. Se comenzó enseñándole a mi hija sobre su estilo de aprender y que ella definitivamente no era "estúpida", como su experiencia en el colegio le había hecho creer. Lo que ayudó en gran medida en este proceso fueron las calificaciones dramáticamente altas que recibió en varias de las otras aptitudes; esto abrió estupendas oportunidades de carreras y, además, indicaron claramente cuán talentosa era, ¡su genio especial! Si mi hija hubiese sabido esto de sí misma antes, hubiera sido capaz de valorar, disfrutar y desarrollar sus fortalezas y habría tenido el ánimo para manejar eficazmente sus debilidades.

Muchos adultos hoy se pueden describir como caminantes heridos. Debido a experiencias parecidas a las de mi hija, muchos niños y adolescentes no son conscientes de su increíble singularidad y genialidad. Pero gracias a nuevos estudios sobre la noción de lo que significa ser "inteligente", ahora existe la oportunidad de sanar esas heridas y romper las barreras impuestas por esas experiencias.

Howard Gardner, profesor de la Universidad de Harvard y líder de los estudios en esta materia, en su libro *Multiple Intelligences* (*Las inteligencias múltiples*), explica las implicaciones y las oportunidades manifestadas en la extensa investigación en desarrollo a la que él y un grupo de distinguidos colegas se dedican. En resumen, la investigación demuestra que todos los seres humanos tienen una considerable "inteligencia".

A la mayoría de nosotros, sin embargo, nos han medido y juzgado por la prueba de inteligencia "IQ" (Intelligence Quotient o cociente intelectual). Lo que esta prueba mide, según Gardner, es "la capacidad de dar respuestas sucintas de modo rápido a problemas que implican habilidades lingüísticas y lógicas". Si bien es obvio que la prueba tiene validez, hay numerosas personas como mi hija, que son claramente inteligentes, pero el tipo de "inteligencia" que mide la prueba "IQ" no incluye otras inteligencias. Por lo tanto, esta forma singular de medir la inteligencia en la actualidad se considera como restrictiva y no le sirve a un gran porcentaje de la población.

Podría resolver mis problemas más complejos de física si no hubiera renunciado a la forma de pensar del común de los niños mientras juegan.

J. ROBERT OPPENHEIMER

Gardner ha identificado ocho "inteligencias" diferentes. Estas inteligencias y ejemplos de personajes conocidos que han demostrado un alto dominio en cada área se explican a continuación:

- **INTELIGENCIA LINGÜÍSTICA:** Permite que las personas se comuniquen a través del lenguaje. Ejemplo: T. S. Eliot, poeta.

- **INTELIGENCIA LÓGICA:** Permite que las personas usen y aprecien las relaciones abstractas. Ejemplo: Albert Einstein, científico.
  (Nota: La prueba IQ sólo mide estas dos primeras inteligencias.)

- **INTELIGENCIA MUSICAL:** Permite que las personas creen y comprendan el sentido que emana de los sonidos. Ejemplo: Igor Stravinski, músico.

- **INTELIGENCIA ESPACIAL:** Hace que sea posible que las personas perciban las imágenes, las transformen y vuelvan a crearlas de memoria.
  Ejemplo: Pablo Picasso, artista.

- **INTELIGENCIA KINESTÉSICA:** Permite que los individuos utilicen la totalidad o parte de sus cuerpos en formas altamente cualificadas.
  Ejemplo: Martha Graham, bailarina.

- **INTELIGENCIA INTRAPERSONAL:** Ayuda a la gente a distinguir los sentimientos y construir modelos mentales precisos de sí mismos. Ejemplo: Sigmund Freud, psiquiatra.

- **INTELIGENCIA INTERPERSONAL:** Permite a las personas reconocer y distinguir los sentimientos y las intenciones de los demás. Ejemplo: Mohandas Gandhi, líder.

- **INTELIGENCIA NATURALISTA:** Permite a la gente distinguir, clasificar y usar las características del entorno. Ejemplo: Charles Darwin, naturalista.

Gardner argumenta con energía y elocuencia que hay muchas pruebas de que el éxito en el mundo va más allá de la escuela y no es del dominio exclusivo de las personas con inteligencia lógica y lingüística superior. Por ejemplo, tal como vamos a ver con mayor claridad en el capítulo 6, en el nuevo mundo del trabajo, donde el trabajo en equipo es esencial, la inteligencia interpersonal es un activo poderoso. Este nuevo conocimiento tiene enormes implicaciones tanto para nuestra vida personal y profesional, como para nuestra educación y formación continuas.

En primer lugar, este conocimiento nos permite reevaluar dónde nos hemos puesto en la "escala de inteligencia". Si descubrimos que nuestras inteligencias son distintas a las que tradicionalmente se han reconocido como importantes, podemos utilizar este nuevo descubrimiento como un trampolín para la apertura de todo un abanico de nuevas posibilidades para nuestras vidas. Cuando en nuestra familia examinamos los descubrimientos que mi hija había hecho sobre sus aptitudes naturales y los comparamos con el modelo de las inteligencias múltiples, encontramos que eran claramente evidentes en ella la inteligencia espacial (ella es muy artística), la kinestésica (ella es una buena atleta) y la interpersonal (ella es excelente con la gente). Gardner dice, sin embargo, que cada uno de nosotros es, de hecho, una combinación de todas las inteligencias y es esa misma combinación la que define nuestra singularidad.

"Es de suma importancia que reconozcamos y alimentemos todas las variadas inteligencias humanas", dice el profesor Gardner. "Si somos capaces de movilizar todo el espectro de las capacidades humanas, no solamente la gente se sentirá mejor acerca de sí misma y más competente, sino que también es posible que se sienta más comprometida y capaz de unirse al resto de la comunidad mundial para trabajar por el bien común. Si podemos unirlo a un sentido ético, podemos ayudar a aumentar la

Afligirse por lo que uno no tiene
es desperdiciar lo que se tiene.

KEN S. KEYES, JR.

probabilidad de nuestra supervivencia en este planeta, y quizás incluso contribuir a nuestra prosperidad".

Perry Wilson, el fundador del proyecto *If I Had a Hammer* (Si tuviera un martillo), es un maravilloso ejemplo de lo que realmente significa ser inteligente. A través de la construcción de una casa sencilla, el programa de Perry les enseña a niños de diez a catorce años de edad que ellos son inteligentes, que valen la pena y que tienen algo importante que aportar. Me enteré de la extraordinaria historia de Perry cuando lo entrevistaban en la radio. Luego tuve el privilegio de hablar con él por teléfono; y después, este hombre muy modesto, me envió información acerca de su vida y su obra.

A Perry lo calificaron como "tonto" hasta sus años adultos. Él recuerda que todo comenzó en el quinto año elemental cuando perdió el año. Fue entonces cuando apabullaron su autoestima y su fe en sí mismo. Además, tenía que prepararse para el castigo que seguro le iban a dar en su casa. Pero no ocurrió así, su papá lo envió al patio de la casa con la tarea de construir una casa en un árbol. Por una razón que él sólo descubriría años después, las matemáticas que eran tan difíciles en la escuela, parecían tener un perfecto sentido cuando midió la madera para construir su proyecto.

Perry logro graduarse de la escuela secundaria y también lo aceptaron en la universidad por sus habilidades como basquetbolista, pero no por sus habilidades académicas. Pero cuando sus habilidades atléticas no compensaban sus malas calificaciones, eligió la carpintería, donde se sentía seguro y apreciado. Así fue como comenzó su viaje de auto-descubrimiento. Perry descubrió que no sólo tenía dislexia, que causa que las palabras aparezcan al revés, sino que también sufría de insuficiencia de convergencia, que hace que las palabras se vean dobles. Esto explicaba por qué sus años escolares habían sido una pesadilla.

Como carpintero su vida era normal o, más correctamente, tan normal como la vida de cualquier persona que pasa de un trabajo a otro. El hijo de un amigo, sin embargo, lo ayudó a darse cuenta de que su destino podría ser diferente, de que sus propios fracasos podrían ser una base ideal sobre la cual otros podrían construir su éxito. Comenzó cuando Perry se dio cuenta de que este niño de quinto grado de primaria estaba teniendo problemas con sus estudios. Perry se acordó de cómo su propio padre había manejado sus batallas y creyó que el mismo remedio funcionaría con este chico. Así fue, y otra casa de árbol se convirtió en un símbolo para el potencial humano.

Perry Wilson se dio cuenta de que había miles de niños que necesitaban la misma ayuda y estimulo que él le había dado a su joven amigo. Decidió convertirse en un docente, pero usando su propio estilo y bajo sus propios términos. Él sabía que construyendo una casa en un árbol enseñaba elementos de matemáticas, ciencias e ingeniería, añadiendo la carpintería como un valor agregado. Más importante aún, desarrollaba un sentido de autoestima y la sensación de realización.

Comenzó su cruzada para llevar a la comunidad educativa a adoptar su método de enseñanza. Pero sin credenciales y con poca credibilidad, iba a experimentar tiempos de vacas flacas. Persistió a través de años de rechazo hasta que un artículo en el New York Times le abrió una oportunidad. Le solicitaron que fuera a Louisville, Kentucky, el mismo lugar donde él había perdido el quinto año, para demostrar de qué se trataba su método.

Perry probó su punto, pero no hubo más invitaciones. No fue sino hasta después de que prácticamente se había rendido, que llegó una oportunidad. Un amigo a quien Perry le había solicitado empleo vio un vídeo de su proyecto de la casa del árbol.

Sólo dos jóvenes disfrutan la escuela secundaria... Uno de ellos es el capitán del equipo de fútbol. La otra es su novia.

CARTA A ANN LANDERS

"No puedes trabajar para mí", su amigo le dijo a Perry. "¡Tienes que hacer que tu proyecto se realice!" Perry salió a tocar puertas de nuevo.

Hoy él tiene su ángel de la guarda. Con el apoyo de *Home Depot*, la cadena gigante de ferretería, *If I Had a Hammer* (Si tuviera un martillo), se encuentra en todos los Estados Unidos. Y con la ayuda de muchos voluntarios comprometidos, se le ha ofrecido el programa a miles de jóvenes que, de otra manera, al igual que Perry, se hubieran perdido en las grietas del sistema educativo.

A medida que Perry Wilson comienza a ensanchar su visión para proyectos que incluyen computadoras y puentes colgantes, recuerda al profesor que le dijo que él no tenía la capacidad mental para ninguna otra cosa sino para el trabajo manual. "Llevo la pesada carga de mis heridas del sistema educativo", dice Perry. "Pero miro en los ojos de estos niños y sé que me estoy conectando con algunos de ellos".

Durante varios años he estado esperando para contar cómo tres personas me ayudaron a ser lo que soy hoy en día. Mi madre, mi padre, y mi maestro de sexto grado. Mi familia es afroamericana. Mis padres no son ricos; sin embargo, su don de darme las mejores experiencias que podían costearse me proporcionó una vida llena de abundantes valores y grandes ambiciones.

Ellos me inculcaron que podía lograr cualquier cosa que quisiera lograr. Me apoyaron en mis estudios profesionales y fueron siempre una fuente de ayuda y apoyo cuando yo crie a mis hijos. Gozaban siendo una fuente de ayuda y fortaleza para los necesitados. Su amor es supremo.

Mi maestro de sexto grado fue la persona que desarrolló la fuerza creativa en mi vida. Él nos enseñó cómo aceptar las diferencias en los demás. Nos enseñó a jugar de manera justa y divertirnos. De él aprendí a escribir creativamente. También aprendí a investigar un tema con pasión. Me dio la visión de alcanzar mis metas. Cuando nuestra clase hizo un estudio a fondo de la China, decidí que un día la visitaría. Esto lo logré en el verano de 1986.

Atribuyo mi entusiasmo por la vida, la creatividad, y ver más allá de la realidad del presente a mi maestro de sexto grado, Louis Sarlin.

Laura Dulan — Director Asociado,
Bush Principals Program (Programa Bush de Rectores) University of Minnesota

La vida es increíble; y es mejor que el maestro se prepare
para ser un agente de este asombro.

EDWARD BLISHEN

Tus dones, talentos y habilidades especiales te fueron dados para utilizarlos, para que no se pierdan en un falso sistema de creencias y suposiciones acerca de ti mismo. Tu lámpara está destinada a brillar como si fuera la luz de toda la humanidad. ¿Cómo sería el cielo de la noche si no fuera por los miles de millones de estrellas que desfilan su brillo? A veces, sin embargo, tenemos que eliminar las nubes que bloquean nuestra vista.

Reflexiona por unos momentos sobre lo que algunas de esas nubes podrían ser.

¿Con qué frecuencia te describes como un "tonto" cuando es difícil para ti entender algo nuevo?

¿Te consideras capaz de aprender?

¿Cuál es la mejor manera de que alguien te enseñe?

¿Cómo aprendes mejor?

TABLA 1

A continuación hay dos ejercicios simples pero reveladores que he utilizado en mis seminarios. Están diseñados para ayudarte a comenzar a identificar tus dones. En la Tabla 1, moviéndote horizontalmente de izquierda a derecha, escribe seis cosas en que tú realmente no eres bueno, seis cosas que son difíciles para ti y seis de tus mayores debilidades.

¿En qué no eres bueno?	¿Qué encuentras difícil hacer?	¿En qué no tienes habilidad?

TABLA 2

Ahora estás preparado para la Tabla 2. Escribe seis cosas en las que eres bueno, seis que son fáciles de hacer para ti y seis que son tus habilidades especiales.

¿En qué eres bueno?	¿Qué es fácil para ti hacer?	¿Cuáles son tus habilidades especiales?

¿Cuál de las tablas fue más fácil para ti? Si fue la primera, estás en buena compañía. Prácticamente a todos los que hacen este ejercicio les resulta mucho más fácil encontrarse defectos que admitir que tienen fortalezas. Muchas personas tienen dificultades llenando todos los espacios en la Tabla número 2, ¡además me dicen que necesitan más hojas para contestar completamente la Tabla número 1!

¿Cómo se derrotan esas voces insistentes de auto menosprecio? En primer lugar, dejando de asumir que tienen la razón. En segundo lugar, agradeciendo a quienes nos elogian genuinamente y eliminando de nuestra mente esos pensamientos que descartan, achican o consideran exagerados los elogios ofrecidos y luego tomando un momento para reflexionar sobre por qué nos están dando esa retroalimentación positiva.

Sin embargo, esto es sólo el comienzo. Como el genio tiene tantas caras, hay que seguir el proceso de identificar nuestros dones y talentos únicos. Descubrir nuestro genio no es algo que hacemos inesperadamente o de repente. La mayoría de las veces es un proceso gradual por el cual nuestros talentos se manifiestan o se revelan a través de experiencias tales como las que tuvo mi hija. Tenemos que observar y escuchar con atención a las señales. A veces, los indicios vienen en forma de reconocimiento externo. Otras veces nos llegan de la profunda sensación de satisfacción que obtenemos de un trabajo que nos gusta, que "extrañamente" nos llena.

La confianza, como el arte, nunca proviene
de tener todas las respuestas, sino de
estar abierto a todas las preguntas.

EARL GARY STEVENS

Pero si necesitas una razón contundente y sensata para descubrir tu genio, aquí está: para prosperar en el nuevo mundo del trabajo es fundamental que seas plenamente consciente de tus propios dones y talentos, de las características, las aptitudes y las habilidades que te definen. La mayor recompensa, sin embargo, engloba mucho más y es más importante que estar preparado para un empleo. Una de las mayores fortunas en la vida es saber para qué eres bueno y qué te encanta hacer; y después, tomar la decisión de hacerlo.

Empecé a trabajar para esta compañía hace más de treinta años como operador de máquinas. Me esforcé para hacer el mejor trabajo que podía hacer. Vi y aprendí de otros y acepté cada reto como un peldaño para mejorar mi persona, mi familia y mi empresa. Ahora soy dueño de esta empresa. Creo que los ingredientes más importantes fueron el sentido común, el trabajo en equipo, las buenas condiciones de trabajo, los beneficios, la política de puertas abiertas y la comunicación. Hoy el entorno del trabajo puede ser diferente, pero creo que las mismas cosas aplican.

Roy Bowser — Presidente, Metal Fabricating Company

Si no estás contento en tu trabajo actual o no te sientes realizado, entonces dedica tiempo para evaluar lo que está sucediendo y explora un curso de acción. Algunas personas necesitan una gran crisis para comenzar este proceso, tal vez perder el empleo, ser reemplazado por otra persona o ser degradado. Así en el momento puede que no parezca tan obvio, pero cualquiera de estos eventos puede servir como inspiración para reflexionar sobre quién eres y lo que tienes que hacer.

Reflexiona sobre las siguientes preguntas y relaciónalas con tu propia vida.

■ ¿TE SURGEN LAS IDEAS RÁPIDA Y FACILMENTE?

Si tú reaccionas a problemas y situaciones con una abundancia de ideas, entonces tienes una imaginación creativa y rica. Esto es una gran ventaja en cualquier número de profesiones, pero causa un gran problema cuando no se expresa. La misma energía que te da esa fuente inagotable de ideas no está destinada para usarla en tareas lógicas y ordenadas. Si continuamente tienes que refrenar tus ideas sin la oportunidad de expresarlas, entonces existe una muy buena posibilidad de que estés en el trabajo equivocado.

Rebeca fue criada en un hogar donde la seguridad laboral era uno de los valores más importantes. Ambos padres venían de familias pobres y eran reacios a asumir riesgos de cualquier naturaleza. Durante toda su vida la guiaron en la dirección de obtener empleo en un lugar donde el riesgo de ser despedida fuese mínimo. En la mayoría de los casos esto significa trabajar para el gobierno. Ella lo logró, pero al mismo tiempo comenzó para ella una agonía interior.

En todas partes veía mejores formas de hacer las cosas para mejorar la manera en que su departamento atendía al público. Sus ideas, sin embargo, chocaban con la rigidez de la filosofía de "no hacer olas". Su espíritu estaba tan apabullado, que Rebeca tenía que decidir si su necesidad de ventilar sus ideas era más importante que el consejo de sus padres de "encontrar un trabajo para toda la vida".

Justo en el momento en que ella estaba resuelta a tomar una decisión, se le presentó una oportunidad que respondía a ambas necesidades. Había comenzado un movimiento para "reinventar el gobierno" y estaban reclutando voluntarios para hacer parte de diversos grupos de trabajo. El perfil del voluntario que se buscaba era el de una persona creativa, franca y dispuesta a no proteger vacas sagradas. Rebeca supo en su corazón que ella reunía ese perfil.

Hoy su trabajo está más seguro que nunca y no porque trabaja para el gobierno, sino porque ha creado una reputación de ser una persona que genera ideas que mejoran enormemente la eficiencia y la efectividad de su departamento.

Nunca es demasiado tarde para ser quien podrías haber sido.

GEORGE ELIOT

Si te identificas con Rebeca, toma un momento para enumerar los empleos, cargos o profesiones que recompensarían tu creatividad.

EMPLEO	CARGO	PROFESIÓN

■ ¿TE SIENTES CÓMODO TOMANDO DECISIONES RÁPIDAS?

Si puedes configurar fragmentos de información rápidamente y te gusta actuar enseguida con lo que observas, entonces te frustrarías con cualquier situación donde la norma es ritmo deliberado y análisis minucioso. La capacidad de decisión, argumentos y estrategias, tal como la creatividad, se tienen que ventilar.

Desde que Raimundo se acuerda, siempre tenía la curiosidad de saber por qué las cosas eran como eran. A la larga su curiosidad lo llevó a una carrera en investigación y desarrollo con una corporación internacional importante. Aunque Raimundo llegó a ser un empleado valioso, había algo que le causaba insatisfacción en la rutina de su trabajo cotidiano.

Raimundo decidió que tal vez su curiosidad se debería dirigir hacia su interior para descubrir lo que podría estar haciendo falta en su vida. Por intermedio de un proceso de planificación de carreras, que incluyó una evaluación de aptitud, Raimundo descubrió que a pesar de que tenía un intenso deseo de saber por qué las cosas funcionan, no se sentía motivado para ser la persona que hacía los descubrimientos. También descubrió que el papel que más valoraba el equipo era su rol como el motor y motivador auto-elegido, la persona que impedía que los proyectos se quedaran estancados en la parálisis por análisis.

Raimundo se dio cuenta de que le gustaba ser líder y decidió que quería ser gerente. Combinando su respeto por la importancia de la función de investigación y desarrollo con su capacidad para asimilar información y tomar decisiones en forma rápida, Raimundo ahora está feliz dirigiendo el departamento en el que él, anteriormente, se sentía frustrado con su rol.

*Si te identificas con Raimundo, toma un momento para
hacer una lista de los empleos, cargos o profesiones que permitirían
que hagas uso completo de tus habilidades como líder.*

EMPLEO	CARGO	PROFESIÓN

■ ¿LAS MEJORES DECISIONES QUE HAS TOMADO FUERON BASADAS EN INSTINTO O LÓGICA?

Si automáticamente organizas información en patrones, secuencias y clasificaciones; y además, llegas a conclusiones a través de un proceso de pensamiento deliberado y ordenado, entonces tienes aptitudes lógicas sólidas. Cualquier otro entorno que no te permita un análisis cuidadoso será muy incómodo para ti.

Juana aceptó el primer puesto que le ofrecieron cuando se graduó de la universidad. Una agencia de publicidad estaba buscando un gerente de oficina que organizara el entorno caótico existente. A Juana inmediatamente le llamó la atención el puesto ya que ella es una persona metódica que valora tener las cosas en orden. Quitándose de encima una preocupación, tener ingresos, no hizo muchas preguntas acerca de quiénes trabajaban en la oficina, sus prioridades, o cuánta autoridad tendría.

En menos de treinta días se sentía como si estuviera trabajando en un remolino. Las ideas, los proyectos y la gente aparecían por todas partes al mismo tiempo. Se tomaban decisiones, pero a veces se retractaban en cuestión de horas. Sentía que la jalaban en varias direcciones al mismo tiempo, no había líneas claras de responsabilidad o autoridad. La tensión comenzó a tener su efecto.

A pesar de sus temores, Juana decidió renunciar. El jefe de la agencia se sorprendió y se molestó, porque todos en la agencia gustaban de ella y decían que estaba haciendo un buen trabajo. Como su jefe era el tipo de persona en quien Juana podía confiar, fue sincera con él, le comentó por qué aceptó el trabajo y por qué ahora había decidido renunciar. Él la sorprendió preguntándole qué trabajo le gustaría para usar mejor sus dones y talentos.

Hoy, Juana maneja toda la base de datos de clientes existentes y potenciales de la agencia y le reporta directamente al gerente general. Su capacidad de organización les brinda enfoque y dirección a los esfuerzos de mercadeo de la agencia y sus clientes. Con su manera reflexiva y su atención a los detalles, se ha ganado el respeto de sus colegas en la empresa y la industria.

Arthur tiene su piano. Yo toco mis sonatas en la estufa.

Nella Rubinstein — Chef

Si te identificas con Juana, toma un momento para enumerar los empleos, cargos o profesiones que respeten y valoren tu paciencia y meticulosidad.

EMPLEO	CARGO	PROFESIÓN

■ ¿TE GUSTAN LOS TRABAJOS MANUALES?

Si es así, tienes una gran aptitud que te impulsa a crear cosas tangibles y materiales. Las investigaciones muestran que de todas las habilidades que se han estudiado, esta es la que más atención requiere por parte de la persona que la posee y la más perturbadora si se ignora. Las personas que tienen esta habilidad y no la aplican con regularidad en su trabajo, luchan constantemente con sentimientos de inquietud y frustración.

Manuel, el ministro de una iglesia que estaba creciendo rápidamente, tenía todas las razones para estar feliz con su carrera considerando todas las apariencias. Creía en su trabajo y tenía bastante éxito haciéndolo. Pero no se sentía satisfecho. Manuel descubrió que tenía una gran aptitud con trabajos manuales, pero en su labor como ministro no tenía la oportunidad para practicarlo. Por lo tanto se sentía frustrado. Cuando Manuel se dio cuenta de la causa de su tensión, pronto encontró el remedio.

En sus visitas a los feligreses, comenzó a preguntarles si necesitaban ayuda con pequeñas reparaciones en sus hogares. En un abrir y cerrar de ojos las solicitudes comenzaron a llegar y enseguida Manuel de dio cuenta de que esos trabajos manuales se convertirían en un elemento valioso en su ministerio. Manuel ahora está más contento y más pleno, lo que ha dado lugar para que él sea un ministro mucho más eficaz.

Todo hombre que valga la pena, ha tenido algo que
ver con su propia educación.

Sir Walter Scott

Si te identificas con la historia de Manuel, toma un momento para hacer una lista de los empleos, cargos o profesiones que aumentarían las oportunidades para utilizar tus habilidades manuales.

EMPLEO	CARGO	PROFESIÓN

■ ¿TE SIENTES MÁS CÓMODO TRABAJANDO SOLO?

Si haces tu mejor trabajo solo y prefieres concentrarte en una sola tarea, tu tendencia es la de ser una persona subjetiva. Si necesitas una gran variedad en tu trabajo, disfrutas compartir las tareas y los proyectos, y deseas participar bastante con otros, eres una persona objetiva.

Si eres una persona subjetiva, tienes una gran necesidad de concentrarte en lo que estás haciendo. Si tu trabajo requiere que asumas diferentes papeles o requiere bastante interacción con otros, tienes tendencia a estresarte, distraerte o sentirte amenazado. Pero si eres una persona objetiva, ese enfoque de Llanero Solitario es muy aburridor. Prefieres bastante actividad al mismo tiempo y un abundante diálogo con tus colegas.

Tina era una exitosa agente de ventas por teléfono. Era tan exitosa que su empresa la nombró gerente de ventas para supervisar a dieciocho personas. Pero no pasó mucho tiempo antes de que Tina comenzara a tener problemas. Se despertaba a media noche preocupada por el rendimiento y los problemas personales de las personas en su grupo. Estaba tan angustiada y preocupada en su casa, que su matrimonio y su familia empezaron a sufrir. En pocas palabras, esta persona que había estado prosperando en su trabajo, pronto se encontró luchando para sobrevivir.

Las mismas cualidades que le sirvieron para ser efectiva en ventas se convirtieron en su problema como gerente, ya que no eran las correctas para ese cargo. Su subjetividad le dictaba que se enfocara firmemente en su trabajo, mientras que su posición como gerente le exigía exactamente lo contrario. Cuando se dio cuenta de esto, Tina solicitó que la reasignaran a su posición anterior, donde, a pesar de haber perdido su estatus, ahora está mucho más contenta.

> Cada error grande tiene un momento intermedio, una
> fracción de segundo, cuando se puede retirar y quizás corregirlo.
>
> Pearl S. Buck

¿Te pareces o no te pareces a Tina? Toma un momento para enumerar esos empleos, cargos o profesiones que se beneficiarían de tu estilo de trabajo.

EMPLEO	CARGO	PROFESIÓN

La experiencia de Tina nos recuerda al reconocido punto de vista que dice: "Sin dolor no hay ganancia". En otras palabras, ¡si no duele, si se siente bien, entonces tal vez no tenga tanto valor! Si se exagera o se mal interpreta, esta filosofía puede conducir a que la gente viva su vida entera sin darse cuenta por qué fueron puestos en esta tierra.

Por otra parte hacer lo que es agradable, gratificante o natural, no es todo lo que se necesita para tener éxito. Se necesitan además compromiso y disciplina para lograr la excelencia en cualquier campo. La lección es que tus dones y tus talentos son las herramientas con las cuales le das forma a tu vida. No dejes que recojan polvo o que se oxiden. Aprécialos y valóralos. Púlelos. Aprende cómo funcionan y cómo te pueden servir.

Demasiado de una cosa buena puede ser maravilloso.

Mae West

A continuación encontrarás algunas formas prácticas para comenzar a cultivar tus dones hoy:

■ **IDENTIFICA PATRONES EN TU VIDA.** Tus dones y talentos te han acompañado a lo largo de tu vida y es posible que no los hayas apreciado realmente. Busca los hilos de continuidad que se han presentado al examinar los acontecimientos de tu vida. ¿Qué has disfrutado consistentemente a lo largo de tu vida? ¿Qué elogios has recibido por tus talentos? ¿De qué logros te sientes más orgulloso? Las respuestas a estas preguntas te guiarán por el camino correcto.

■ **JUEGA JUEGOS.** Tus dones y talentos naturales se notan más cuando estás relajado, eres espontáneo y muestras el "verdadero tú". Crea oportunidades para descomplicarte y para jugar, abre las puertas para descubrir una nueva creatividad y nuevas pasiones.

■ **PRUEBA ALGO NUEVO.** Sal de los patrones que has establecido para hacer las cosas. ¿En qué supones que no eres bueno, pero te encantaría probar? Haz por lo menos una cosa nueva cada mes. Piensa en algo que siempre has querido hacer y hazlo. Si fallas, cometes un error, se ríen de ti, te da vergüenza, ¡qué importa! Temores como estos mantienen a la gente sumida en la mediocridad.

■ **SE HONESTO ACERCA DE LO QUE AMAS.** ¿Qué te apasiona, qué te diviertes haciendo? Creo que para hacer lo que te gusta, es la razón por la cual te crearon, las aptitudes que tienes son las que necesitas para hacer aquello para lo cual fuiste creado. Ten la valentía de admitir lo que te gusta y el genio que hay en ti irrumpirá en tu vida.

■ **PRENDE TU LÁMPARA.** Tan pronto identifiques tus dones, busca una forma apropiada para informarle a otros quién eres y lo que sabes hacer bien para que hagan uso de tus dones y talentos. Si no perteneces a una asociación profesional, asóciate. Cuando estés en reuniones haz preguntas u ofrece participar como voluntario en un comité; o demuestra tus conocimientos escribiendo un artículo para el boletín de tu empresa.

■ **DESARROLLA IDEAS.** Adquiere el hábito de sentarte unos quince minutos diarios a escribir ideas para mejorar tu vida personal y profesional. Al principio no se te ocurrirá qué escribir, pero con el tiempo las ideas comenzarán a aparecer hasta que, si eres disciplinado en este proceso, un diluvio de ideas se presentará por sí solo. No critiques las ideas si te parece que son muy grandes o pequeñas, poco prácticas o irrazonables. Recuerda, George Bernard Shaw dijo: "Todo el progreso depende del hombre irrazonable".

Durante más de una década, he sido miembro de la junta directiva de Perspectives, Inc., (Perspectivas, S.A.), una organización de servicios humanos sin fines de lucro en Minneapolis, Minnesota. *Perspectives* ha creado y desarrollado muchos programas de gran alcance para ayudar a las familias necesitadas. Un estupendo grupo de profesionales, hábilmente asistido por voluntarios especialmente capacitados, ofrece una amplia gama de servicios a las familias en peligro y mujeres y niños sin hogar.

A través de los años he escuchado historias de lucha, de injusticia y de angustia que me han dejado abatido y sin aliento. Pero entonces, he sido testigo de cómo estas mismas personas trascienden barreras aparentemente insuperables de su pasado y comienzan a vivir vidas enérgicas y efectivas. La transformación siempre comienza con el descubrimiento de que cada ser humano es especial.

Mi participación en *Perspectives* me ha demostrado una y otra vez que las apariencias no significan nada, que todo el mundo tiene un don único a la espera del momento preciso, del estímulo correcto y oportuno para empezar a avanzar.

Nuestro miedo más profundo no es que seamos ineptos.

Nuestro miedo más profundo es que seamos poderosos sin medida.

Es nuestra luz, no nuestra oscuridad, lo que más nos asusta.

Nos preguntamos, ¿Quién soy yo para ser tan brillante, magnífico,

talentoso y fabuloso? En realidad, ¿quién eres tú para no serlo?

Minimizándote no le sirves al mundo.

No hay nada inteligente en reducirte

para que otras personas no se sientan inseguros a tu alrededor.

Todos estamos destinados a brillar, como lo hacen los niños.

Nacimos para manifestar

la gloria de Dios que está dentro de nosotros.

No está sólo en algunos de nosotros; se encuentra en todos nosotros.

Y cuando dejamos que nuestra luz brille, inconscientemente

estimulamos a otros para que hagan lo mismo.

RAINER MARIA RILKE

LOS QUE SOBREVIVEN SE ENFOCAN EN	LOS QUE PROSPERAN SE ENFOCAN EN
• La gente común	• La gente extraordinaria
• Limitaciones	• Grandes expectativas
• Cumplir con las normas	• Establecer estándares
• Poner excusas	• Adquirir compromisos
• Arreglárselas	• Avanzar
• Esconderse	• Brillar

CÓMO CREAR UNA ORGANIZACIÓN QUE PROSPERA

- Liderar con el ejemplo
- Identificar las fortalezas de los empleados y desarrollarlas
- Juntar a los recursos humanos con los cargos en donde utilicen sus dones y talentos
- Asesorar a los empleados sobre las nuevas habilidades que se necesitarán en el futuro
- Ayudar a todos los empleados a desarrollar sus carreras – sus visiones para el futuro
- Ser flexible con los métodos de enseñanza - reconocer los diferentes estilos de aprender
- Entusiasmar a la gente acerca de su potencial
- Darle prioridad al desarrollo personal
- Crear oportunidades para que las personas triunfen a menudo
- Celebrar las victorias con prontitud y en público

6

UNA COSA DE CONFIANZA

Ella es tu hermana

Los que prosperan trabajan en armonía con otros —
respetan y honran las diferencias.

LINUS EL AMIGO DE CARLITOS le reveló a su hermana mayor, Lucy, que quería ser médico cuando creciera. "Tú un médico", respondió Lucy, "¡nunca podrás ser un doctor! ¿Sabes por qué? ¡Porque tú no amas a la humanidad!" "¡Yo sí amo a la humanidad!" contestó Linus. "¡Es a la gente a la que no soporto!".

Si hay una tendencia dominante que la economía global claramente ha revelado, es la siguiente: Cuando todo esté dicho y hecho, siempre es la gente quien hace que las cosas funcionen. La tecnología es una herramienta, la gente es el artesano. No es suficiente entender la tecnología, hay que entender a la gente también, su forma de pensar, sentir y actuar. El éxito es claramente el resultado de la cooperación y colaboración de diversos grupos de personas con un objetivo claro y común.

Así como un ecosistema floreciente es el reflejo de la diversidad increíble de la naturaleza, las organizaciones de hoy deben cultivar una gran variedad de talento humano para prosperar en los mercados del mundo. Mezclar armoniosamente diferentes personalidades, orígenes étnicos y culturas ya no es una opción, es la estrategia central de la organización que prospera. A nivel individual, respetar y honrar las diferencias de los demás es la característica básica de los que van a prosperar en el nuevo mundo del trabajo.

A lo largo de la historia, sin embargo, la nobleza de esos ideales y la realidad de la interacción humana han estado de algún modo en desacuerdo. Una declaración del emperador romano Marco Aurelio hace dos mil años nos obliga a preguntarnos si ha existido algún crecimiento en absoluto: "Hoy voy a reunirme con gente que habla demasiado, que es egoísta, egocéntrica e ingrata"; la sorpresa está en su conclusión: "Pero no me molesta, porque no me puedo imaginar el mundo sin esas personas".

Aunque Marco Aurelio parece haber sido un hombre muy sabio, con seguridad podemos decir que él no pudo imaginarse el mundo complejo que hoy conocemos. De hecho, sin ir tan lejos en el pasado, la observación del entorno laboral de nuestros abuelos demuestra cómo el mundo laboral actual es notablemente diferente al de ellos en varios aspectos importantes. Algunos se darán cuenta inmediatamente que yo dije abuelos no abuelas. ¿Por qué? Porque fuera de las circunstancias especiales generadas por la Segunda Guerra Mundial, sólo en la más reciente generación las mujeres constituyen la gran proporción de la fuerza laboral permanente que es hoy.

Hoy en día las mujeres están ascendiendo en la jerarquía de la gerencia con perspectivas y valores que influyen en las decisiones de los negocios y la cultura corporativa de manera espectacular. Pero el creciente efecto de las mujeres en el lugar de trabajo es sólo uno de los cambios evidentes que estamos presenciando. La diversa fuerza laboral de hoy también incluye personas que son diferentes a nosotros en edad, educación, personalidad, estilo de vida, limitaciones físicas, etnia y procedencia geográfica.

Soy un ciudadano del mundo.

SYLVIA BEACH

Es posible, por lo tanto, que no sea exagerado decir que en un mundo a menudo destrozado por tensiones raciales y violenta intolerancia, no existe un lugar más adecuado para que la gente aprenda a llevarse bien con los demás que en el trabajo. ¿Por qué? Metas comunes, interdependencia intrínseca en cualquier estructura organizacional, beneficios compartidos que provienen de una empresa exitosa, la alegría auténtica y la sensación de satisfacción que resultan de ser parte de un equipo sinérgico, son sólo algunas de las razones e incentivos.

Muchas empresas ya han dado grandes pasos en esa dirección. Cuando *Ford Motor Company* les dio la orden a sus ingenieros de diseñar un vehículo que gustara en el mercado global, asumió un riesgo enorme aún para este gigante automovilístico. Sabiendo que Detroit ya no era el centro del universo del automóvil, los ejecutivos finalmente vieron más allá de la orilla y convocaron varios tipos de talentos para crear y construir lo que sus comercializadores llamarían el *"World Car"* (*automóvil mundial*). ¿Cuál era su propósito y motivación? Claramente, responder mejor a las crecientes demandas de un grupo cada vez más diverso de clientes. Diseñar el automóvil mundial, sin embargo, requirió un cambio de paradigma de enormes proporciones.

Los directivos de *Ford* comenzaron dividiendo las tareas entre Europa y Estados Unidos, basándose en las fortalezas de cada equipo de ingeniería. El centro de ingeniería británico diseñó los frenos y la suspensión, la instalación y la calibración del motor y lideró al equipo de diseño de interiores. Los alemanes diseñaron el motor de cuatro cilindros y la transmisión manual. También dirigieron el equipo de diseño exterior. A los ingenieros estadounidenses en Detroit se les asignó la ingeniería del motor V-6, la transmisión automática, el aire acondicionado y la dirección hidráulica.

Pudo haber sido el gran conglomerado, *Ford*, el que construyó el automóvil mundial. Pero quien lo logró, fue la gente trabajando en conjunto. Estos muy diferentes individuos a los dos lados del Atlántico, crearon suficiente confianza entre ellos para, a pesar de sus diferencias, completar un proyecto gigantesco que terminó siendo rentable para todos los involucrados y sentaron las bases para el futuro.

En el nuevo mundo del trabajo, para lograr nuestras metas y objetivos, no tenemos más remedio que encontrar formas creativas para llevarnos bien con los demás. No podemos hacerlo solos. Si el prejuicio en cualquier forma es un obstáculo, ahora tiene un costo económico que muy pocas organizaciones pueden darse el lujo de arrogarse. Ellis Cose, autor de *The Rage of a Privileged Class* (La indignación de una clase privilegiada), nos muestra el panorama general cuando dice: "Va a ser muy difícil forjar una fuerza laboral globalmente competitiva si las razas no pueden aprender a trabajar juntas".

Ernest H. Drew, el director general de *Hoechst Celanese*, uno de los gigantes de la industria química, comenzó a entender el costo de no valorar a una fuerza laboral diversa que en realidad significara distintos dones y talentos, cuando atendió una conferencia para los 125 más altos funcionarios de la compañía, en su mayoría hombres blancos, a quienes se sumaban unas 50 mujeres y otras minorías del siguiente nivel gerencial. La revista *Fortune* relató lo que sucedió: el grupo se dividió en equipos de resolución de problemas, algunos mezclados por raza y sexo; otros quedaron conformados sólo por personas blancas y hombres. El tema principal era cómo la cultura de la empresa afectaba al negocio y qué cambios podrían hacerse para mejorar los resultados. Cuando los equipos presentaron sus conclusiones, se le prendió una luz a Drew.

La empresa que puede demostrar que no discrimina contra la gente de color, género, edad o cultura tendrá el mayor éxito y atraerá la más amplia gama de población.

TED CHILDS

"Era bastante obvio que los equipos en los que había diversidad, tenían las soluciones más amplias", recuerda. "Tenían ideas que ni siquiera a mí se me habían ocurrido. Por primera vez, nos dimos cuenta de que la diversidad es una fortaleza que tiene que ver con la resolución de problemas. Antes, simplemente pensábamos en la diversidad como el número total de minorías y de mujeres en la empresa como acción afirmativa o trato preferencial. Ahora supimos que necesitábamos la diversidad en todos los niveles de la empresa donde se tomen decisiones".

¿Qué ocurrió cuando Hoechst aplicó las soluciones del equipo al mundo real de trabajo de la empresa? La productividad aumentó. Una de las divisiones que había tenido pérdidas durante dieciocho años consecutivos comenzó a tener ganancias, ya que el equipo bajó los costos, mejoró la calidad, y se concentraron en nichos del mercado. Uno de los ejecutivos de Hoechst acredita la nueva combinación de la plantilla para el giro que dio la división. "Probamos muchas cosas durante muchos años, pero el negocio no mejoró los resultados, hasta cuando tuvimos un grupo de gerencia diverso."

La diversidad de la gente contribuye mucho más que a enriquecer el lugar de trabajo, ¡mejora la experiencia de la vida misma! ¿Puedes imaginarte que viajar fuese tan emocionante o gratificante si la gente que conocieras cuando fueras a Europa, Asia o África fuese exactamente igual a la que dejaste atrás? "Viajar es fatal para los prejuicios, la intolerancia y la estrechez mental", dijo Mark Twain, "las perspectivas amplias, sanas, caritativas no se pueden adquirir vegetando en un pequeño rincón de la tierra".

El respeto es uno de los grandes regalos
que le puedes dar a otro ser humano.

ARMIDA RUSSELL

Uno de los regalos más grandes que mis padres me dieron fue este consejo: "Viaja por el mundo antes de que sientes cabeza". A los veintidós años ya había viajado por gran parte de Europa, el Reino Unido y América del Norte. Aún con esa limitada experiencia, regresé a casa con una profunda conciencia de que hay otras maneras de pensar igualmente válidas o superiores a las mías, y que otras personas y sus diversas culturas han hecho del mundo un lugar fascinante para vivir.

Si queremos prosperar, el valorar y apreciar a los demás debe ir más allá de un noble ejercicio intelectual. Se requiere que aprendamos cómo animar y motivar a los demás para ayudarles a efectuar la contribución única que sólo sus dones y talentos pueden hacer realidad. En otras palabras, mientras honramos las diferencias de los demás, que es un ideal maravilloso, nuestra voluntad para cooperar debe ir acompañada de nuestra capacidad para colaborar.

La falta de voluntad para hacerlo tiene consecuencias nefastas. En su perspicaz libro *When Smart People Fail (Qué hace una persona inteligente cuando fracasa)* los autores Carole Hyatt y Linda Gottlieb reportan que la razón número uno de las personas que no alcanzan sus metas y sueños es su incapacidad para llevarse bien con los demás. O como Ivan Seidenberg, director general de *NYNEX Corporation*, lo expresó sin rodeos en un artículo en el *Wall Street Journal*: "Ser una piedra en el zapato es una receta absoluta para fracasar".

Hyatt y Gottlieb definen la incapacidad para llevarse bien con los demás como "escasas habilidades interpersonales" o una subdesarrollada "inteligencia social".

¿Qué son las "habilidades interpersonales" y cómo las desarrollamos?

Ser hábil es ser capaz de hacer algo bien y ser ingenioso. Es saber cómo y qué medidas correctivas tomar cuando lo que se quiere y el resultado que se obtiene no coinciden. Con referencia a la gente, quiere decir que si lo que estás comunicando no es aceptado o "no se lo creen", tú sabrás cómo replantear tu comunicación de tal manera que aumente la posibilidad de comprensión y acuerdo.

Ser hábil en lo interpersonal también es más que la mera aplicación de la regla de oro: trata a los demás como te gustaría que te trataran a ti. En términos de tratar a las personas con dignidad y respeto no existe una regla más importante. Ser hábil, sin embargo, requiere que vayamos un poco más allá: trata a los demás como ellos quieren ser tratados. En otras palabras, otros no necesariamente razonan o tienen las mismas prioridades que tú tienes. Pueden ser miembros dedicados de nuestro equipo, pero su compromiso será debido al hecho de que creen que sus fortalezas y opiniones son realmente apreciadas y, como resultado, se sienten valorados y reconocidos.

Convertirse en una persona hábil requiere práctica. Cuando vemos a los atletas profesionales meter un gol o poner la pelota de golf unos centímetros cerca del hoyo, estamos viendo gente que practica diariamente sus habilidades hasta que el ritmo y la sincronización sean automáticas. Ya no tienen que pensar conscientemente acerca de todos los detalles de lo que están haciendo; las mecánicas se han integrado en su comportamiento. Su objetivo ahora puede orientarse principalmente hacia su meta.

Cuando no estás practicando, recuerda que alguien, en alguna parte, está practicando; y cuando te encuentres con él, él gana.

BILL BRADLEY

Para ser diestro con la gente se requiere la misma dedicación. Así que si te consideras un "amateur" en este campo o si crees que algo de entrenamiento te puede ayudar, permíteme compartir contigo un proceso de cinco pasos que, si lo practicas diariamente, dará lugar a que te consideren como un "profesional en habilidades interpersonales".

■ PRIMER PASO — CREAR CONFIANZA

Todas las relaciones humanas sanas, ya sean profesionales o personales, tienen como fundamento la confianza. Si confías en alguien, esta persona tiene el potencial de influir en ti. Tú tienes el mismo potencial para influir en aquellos que confían en ti. Pero sin confianza, la influencia es casi imposible.

No existe otro lugar donde la importancia de confiar sea más evidente que en el nuevo mundo del trabajo. La influencia claramente es cada vez menos una función del puesto y cada vez más de la capacidad de construir confianza. Una persona que no esté dispuesta a invertir tiempo y esfuerzo para crear confianza en sus relaciones profesionales y personales, se perjudica seriamente en su objetivo de ser una persona que prospera.

La creación de un entorno en el que la confianza es dominante está siendo reconocida como uno de los papeles más críticos del líder contemporáneo. Los líderes de hoy están comenzando a comprender que, aunque el poder viene con el título, una organización prospera cuando a la gente se le estimula a usar su propio poder. Los líderes eficaces no ejercen el poder, sino que facultan a otros. En lugar de controlar a la gente con los sistemas y los procedimientos burocráticos, los liberan para crear e innovar.

En otras palabras, los líderes están aprendiendo rápidamente que el sueldo puede ser una motivación fuerte para que la gente se presente a trabajar, pero lo que la inspira es que se confíe en ella, que se le valore y se crea en ella para poder cooperar y colaborar, que son las características esenciales de una organización que prospera.

Después de años de relativo éxito como líder, he decidido francamente delegar esas cosas que otros pueden hacer tan bien o mejor que yo y solo hacer aquellas cosas que sólo yo puedo hacer. El resultado neto es un desarrollo significativo de las actitudes de los funcionarios acerca de sí mismos.

El mayor problema que queda es cómo funciona el esfuerzo del equipo. Todavía hay mucho por hacer para ayudar a otros a crear una sinergia más fuerte para toda la organización.

Pero ahora tengo más tiempo para concentrarme en el panorama general y para desarrollar una visión poderosa para la organización.

Gene Bergoffen — Presidente y Director General,
National Private Truck Council

En la revista *For Executives Only* (Solo para ejecutivos), Clarence Francis ofrece este consejo: "Tú puedes comprar el tiempo de una persona, puedes comprar su presencia física en un lugar determinado, puedes incluso comprar un número determinado de sus expertos movimientos musculares por hora. Pero no puedes comprar entusiasmo. No puedes comprar iniciativa. No puedes comprar la devoción de los corazones, mentes y almas. Eso tienes que ganártelo".

¿Cómo nos ganamos la confianza de una persona? Primero, pensando en lo que genera confianza y lo que la destruye.

Los líderes efectivos no controlan a la gente con sistemas y procedimientos burocráticos, los liberan para crear e innovar.
David McNally

Piensa por un momento en gente en quien tú confías y luego completa el siguiente ejercicio:

¿POR QUÉ CONFÍAS EN ELLOS?

¿QUÉ OPINIONES TIENES DE ELLOS?

¿CÓMO TE RELACIONAS CON ELLOS?

¿QUÉ HARÍAS POR ELLOS?

Ahora vamos a ver si tú y yo tenemos algo en común con las personas en quienes confiamos. Confío en ellas porque su comportamiento ha demostrado, de acuerdo con mis valores, que son dignos de mi confianza. Siento una actitud positiva hacia ellos y tiendo a ser más abierto con lo que comparto de mi vida personal y profesional. Me gusta estar con ellos y haría todo lo posible para poder ayudarlos. Confío en ellos y los respeto. En consecuencia, le doy bastante importancia a sus opiniones y consejos. ¿Cómo nos comparamos?

Toma unos minutos para evaluar honestamente tus sentimientos acerca de los cambios que se desarrollan en tu lugar de trabajo.

Puedes hacer tu mundo mucho más grande simplemente reconociendo el de los demás.

JEANNE MARIE LASKAS

¿**P**UEDES CONFIAR EN GENTE QUE PARECE DIFERENTE A TI?

¿**P**UEDES CONFIAR EN GENTE QUE SE COMPORTA DIFERENTE A TI?

¿**P**UEDES CONFIAR EN GENTE QUE PUEDE HABLAR UN IDIOMA DIFERENTE AL TUYO?

¿**V**ES A NUEVOS TIPOS DE PERSONAS COMO UNA FUENTE DE ENTUSIASMO
O ENERGÍA RENOVADORA?

O

¿**T**E RESISTES A COOPERAR CON CUALQUIER PERSONA QUE SEA DIFERENTE A TI?

Confiar o no confiar es obviamente una decisión muy personal. Algunas personas abordan la vida con la actitud "confío en la gente cuando pruebe merecerlo"; otros opinan lo opuesto: "confío en la gente hasta cuando no pueda confiar más en ella". En cualquier caso, ya que la gente no puede leer nuestros pensamientos o intenciones, su decisión de confiar o no confiar en nosotros con el tiempo será definida por nuestras acciones, por nuestra conducta.

LAS ACCIONES crean o destruyen ➤ CONFIANZA

Los siguientes cuatro comportamientos específicos hacen más que cualquier otro para crear confianza. A la inversa, cuando estas conductas hacen falta o no están presentes en una persona, la confianza se disminuye o se destruye. Los llamaremos elementos de confianza. A medida que los leas, reflexiona sobre dónde eres fuerte y dónde puedes mejorar.

■ **CONFIABILIDAD** — ¿Haces lo que dices que vas a hacer? Algunas personas se dejan llevar por el entusiasmo o son demasiado ansiosas por complacer a los demás. Así se pueden hacer promesas que no se pueden cumplir. Al principio las excusas se pueden aceptar, pero a la larga se corre la voz: "simpático pero poco fiable". ¿Haces promesas que a menudo no cumples? ¿Te dejas llevar por la emoción del momento, te comprometes demasiado y luego decepcionas a la gente? Las buenas intenciones son importantes, pero, al final, es lo que haces lo que es más importante.

S**i me engañas una vez, la culpa es tuya,
si me engañas dos veces, la culpa es mía.**

PROVERBIO

■ **FRANQUEZA** — ¿Lo que dices coincide con lo que piensas y sientes? ¿Estás dispuesto a desafiar a alguien si crees que está equivocado? Hay quienes se preocupan tanto por los sentimientos y conflictos con los demás, que se frenan o esquivan lo que tienen que decir, en lugar de decirlo. Ser sensible con los demás tiene su mérito, pero no hasta el punto de que otras personas crean que no se está siendo sincero con ellas. Se necesita valentía para ser directo, pero entonces la gente sabe, aún si hay desacuerdo, que está tratando con alguien que les hará saber su posición con franqueza sobre cualquier asunto.

■ **ACEPTACIÓN** — ¿Eres tolerante con los demás cuando no están de acuerdo contigo? ¿Juzgas a los demás solamente por su nivel de competencia profesional? ¿Eres impaciente cuando otros parecen gastar mucho tiempo para darse a conocer? La eficiencia tiene su lugar, pero si la gente cree que sus necesidades no se están considerando o que sus formas diferentes de hacer las cosas no son apreciadas, se destruye la confianza. A la gente hay que reconocerla por sus puntos fuertes y respetarla por sus habilidades. Detrás de cada empleado hay una persona esperando ser reconocida.

■ **TRANSPARENCIA** — ¿Muestras poco a poco tus cartas? ¿Compartes información, pensamientos y sentimientos libremente? ¿Eres alguien que da poca retroalimentación? Aunque parecido a la franqueza, la transparencia consiste en estar dispuesto a ofrecer información que le podría servir a la otra persona. Algunas personas aparentan ser cerradas lo que resulta en una incomodidad con quienes se comunican. La incógnita por resolver es: "¿hay algo más que debo saber que me ayudaría?". Se necesita coraje para ser franco, pero los beneficios de una comunicación fluida permiten soluciones más rápidas a los problemas y un ambiente más creativo y estimulante.

Debido a que cada ser humano tiene fortalezas naturales, tú puedes identificar rápidamente uno o más elementos como tus puntos fuertes. Sin embargo, la honestidad por lo general nos hace dudar de al menos un elemento. Eso está bien, porque para mejorar nuestra capacidad para crear confianza se requiere que sepamos nuestro punto de partida. Ahora anota qué elemento de confianza es fácil para ti y, tal vez, cuál debes examinar.

CREO QUE MI(S) FORTALEZA(S) PARA CREAR CONFIANZA ES (SON):

A.

B.

EL (LOS) ELEMENTO(S) DE LA CONFIANZA QUE NECESITO EXAMINAR ES (SON):

A.

B.

En el nuevo mundo del trabajo, los directivos y los empleados comparten la responsabilidad de hacer todo lo posible para ser considerados como dignos de confianza. Sólo cuando existe confianza la gente se siente libre para compartir ideas, aceptar retroalimentación, decir la verdad, y lo más importante, comprometerse para crear una organización próspera.

Nirmalya Kumar, profesor de mercadeo en el *International Institute for Management Development* (Instituto Internacional para el Desarrollo Gerencial), en Lausana, Suiza, quien con la ayuda de sus colegas ha estado haciendo una amplia investigación sobre la importancia relativa de la confianza en los negocios, dice: "Lo que realmente distingue a confiar de desconfiar en las relaciones, es la capacidad de las partes para dar un salto de fe: creer que cada uno está interesado en el bienestar del otro y que ninguno actuará sin primero tener en cuenta el impacto de la acción en el otro".

Al reflexionar sobre tu propia capacidad para crear confianza, considera el hecho de que no puedes cambiar a nadie. Puedes amenazar o persuadir, pero en última instancia, el cambio es una decisión que viene por parte de cada persona. Puedes, sin embargo, cambiar tú mismo. Y eso es lo que significa la destreza o habilidad interpersonal: asumir la responsabilidad de lo que funciona o no funciona en la relación y estar dispuesto a cambiar tu propio comportamiento para facilitar la creación de la confianza.

La influencia de cada ser humano sobre los demás en esta vida es una especie de inmortalidad.

JOHN QUINCY ADAMS

■ SEGUNDO PASO — AUTO CONSCIENCIA

Si es nuestro comportamiento lo que más afecta al otro en su decisión de confiar o no confiar, un análisis objetivo de cómo nos ven los demás podría mejorar enormemente nuestra comprensión de nuestro efecto sobre los demás, o explicar por qué a algunas personas les caemos bien de inmediato, mientras que otras son más cautelosas.

Para aprender sobre mi propio impacto en los demás comencé con un modelo de comportamiento desarrollado por *Wilson Learning Corporation*, una empresa de consultoría internacional con sede en Minneapolis, Minnesota, con quien he consultado por varios años. El modelo divide a las personas en cuatro tipos diferentes de Estilos Sociales: **Afable, Iniciador, Analítico y Expresivo**.

■ **AFABLE** — Las dos influencias dominantes de comportamiento de este estilo son la combinación de la informalidad con un enfoque suave o no asertivo con los demás. El resultado es una persona cálida y abierta. Son muy relajados cuando tratan con los demás y rara vez muestran agresión. Se interesan bastante por la gente y se preocupan por ella. Saber lo que la gente está sintiendo y experimentando es muy importante para ellos. Son amables y considerados; y el escuchar es una habilidad natural. Su enfoque en la vida es ser cooperativo y servicial. No les gustan los conflictos interpersonales y pueden reaccionar negativamente a los gerentes autocráticos que ellos perciben como insensibles.

■ **INICIADOR** — Este estilo se percibe como el opuesto del estilo afable. Las dos influencias dominantes de comportamiento de este estilo son la formalidad combinada con un enfoque más directo con los demás. El resultado es una persona que se hace cargo, orientada a los resultados. La eficiencia y la rigurosidad en la ejecución son sus prioridades. También son más autónomos y en sus relaciones laborales tienden a inclinarse hacia la contribución que los otros aportan a una situación. No les da miedo encarar a otros si están en desacuerdo con sus opiniones o conclusiones. Se pueden interesar por la gente, pero a menudo ven la interacción social en el trabajo como un uso improductivo del tiempo.

■ **ANALÍTICO** — Las dos influencias dominantes de comportamiento de este estilo son la formalidad combinada con el estilo afable de ser suave y un enfoque no asertivo con los demás. Los resultados son visiblemente personas reflexivas que piensan antes de hablar. No toman riesgos, prefiriendo la compañía de quienes conocen bien. Protegen sus emociones y no expresan sus sentimientos. Tienen un enfoque más deliberado y metódico en su vida diaria. La precisión y la exactitud son sus prioridades y les gusta tomarse el tiempo para asegurarse de que un trabajo quede bien hecho. Debido a que consideran cuidadosamente y piensan bien un tema, por lo general se les estima como expertos.

■ **EXPRESIVO** — Este estilo se percibe como opuesto al estilo analítico. Las dos influencias dominantes de comportamiento de este estilo son la informalidad combinada con el enfoque directo hacia otros, propio del estilo iniciador. El resultado es gente extrovertida y espontánea. Por lo general se perciben como personas audaces y enérgicas; y es fácil detectar cómo se sienten porque expresan sus emociones libremente. Esto no quiere decir que son indisciplinados, pero disfrutan de la variedad y de las situaciones que requieren creatividad y mucha interacción con otros. Son muy sociables y se sienten cómodos en público. Su entusiasmo es contagioso y con frecuencia, cuando no son efusivos, se les respeta por sus habilidades "naturales" con la gente.

ORIENTADO A
LA TAREA

ANALÍTICO	INICIADOR

PREGUNTA
ASERTIVO

AFIRMA
ASERTIVO

AFABLE	EXPRESIVO

ORIENTADO A
LA GENTE

Entonces, ¿dónde te encuentras? Si te sientes incómodo con este ejercicio porque crees que te "encajona", eso es comprensible. Es cierto que somos criaturas más complejas que las simples descripciones que acabamos de presentar. Los estilos sociales son pinceladas amplias y no retratos detallados. Nadie es exactamente un estilo. Los estilos sociales tampoco son un reflejo de la motivación de una persona, su ambición, o su capacidad intelectual. Vas a encontrar líderes de todos los estilos y todos los estilos en cada profesión o tipo de trabajo.

Sin embargo, algunas personas obviamente se inclinan hacia un estilo, mientras que otras son más difíciles de definir. Es posible que puedas identificar a otras personas más fácil que a ti mismo. El sentido del humor también ayuda enormemente cuando se aplica con este modelo. Un participante en uno de mis seminarios de gestión, que lo habían identificado por otros que lo conocían bien como definitivamente un iniciador, pero quien "agresivamente" resistía esta categorización, al segundo día del programa admitió a regañadientes que el comentario de su esposa a la categorización fue: "Eso es lo que he estado tratando de decirte desde hace veinticinco años".

¿Qué tal tus hijos o hermanos? Sin duda, puedo identificar los estilos de los míos, y eso ha cambiado la forma en que me relaciono con ellos. Recuerda, el modelo es una herramienta de aprendizaje; como tal, su intención es el de ser constructivo, no destructivo. Evita enredarte o ser defensivo acerca de los detalles de tu individualidad. Nuestro objetivo no es despojarte de tu singularidad, sino despertar tu conciencia de cómo te ven los demás y cómo se relacionan contigo.

Con esto en mente, es importante seguir ampliando nuestra conciencia utilizando el modelo de los Estilos Sociales, para comprender las fortalezas y debilidades naturales de la gente cuando se trata de los elementos de confianza. Vamos a revisar cada uno de los estilos con este propósito.

No confundas la personalidad con el carácter.

WILMA ASKINAS

■ **AFABLE** — Para los afables lo más natural es la aceptación. Su fuerte orientación hacia los demás los hace menos críticos que los otros estilos. Quieren gustar de ti y quieren que tú gustes de ellos. Un ambiente de cooperación y de colaboración es su ideal. Crean confianza, ya que están realmente interesados en los demás. Ser francos, sin embargo, no es fácil para este estilo porque para ellos pone la relación en riesgo. No quieren ofender o herir los sentimientos de la gente. Necesitan aprender que la franqueza tiene su lugar cuando, por ejemplo, para el éxito de un proyecto que está en juego se necesita escuchar y evaluar todos los puntos de vista.

■ **INICIADOR** — Ser franco es un activo importante de los iniciadores cuando se trata de crear confianza. Su eficiente naturaleza, orientada a resultados, requiere una comunicación sin titubeos, "dímelo tal como es". Los sentimientos son secundarios al conocimiento de los hechos y las opiniones de los demás. Lo más importante es saber exactamente el estado de un proyecto o de la gente, en términos de lograr los objetivos establecidos. Tú sabes dónde estás parado con los iniciadores. Aceptan el reto de los demás ya que tienden a apreciar a las personas sólo por sus contribuciones al proyecto o a la organización. Con frecuencia les cuesta mucho dedicar tiempo para hablar de otras cosas diferentes a la tarea que hay que cumplir. Tienen que aprender que una inversión en crear relaciones y conocer a la gente más allá de lo que "hacen" es una inversión en el éxito.

N**ada es tan fuerte como la dulzura y nada es tan gentil como la verdadera fuerza.**

Ralph Stockman

■ **ANALÍTICO** — Como los analíticos piensan bien las cosas antes de comprometerse, se les conoce por ser bastante confiables. Su necesidad de asegurarse de que un proyecto se complete con precisión e incluso perfección, los conduce a ser cautelosos cuando se les pregunta por el cronograma y por las metas específicas. Esto significa que cuando los analíticos entran en un acuerdo, por lo general han pensado considerablemente en las implicaciones para asegurarse de que se puede mantener el acuerdo. Su naturaleza reservada y carácter privado, sin embargo, puede producir una falta de franqueza en la comunicación con los demás. El temor a equivocarse también puede detenerlos para ofrecer opiniones o información. Necesitan aprender que el intercambio abierto de sentimientos y hechos puede ser muy útil y productivo para crear espíritu de equipo y estimular la creatividad.

■ **EXPRESIVO** — Claramente la transparencia es la fortaleza de los expresivos a la hora de crear confianza. A estas personas les encanta conocer a los demás a nivel personal y quieren que tú te relaciones de la misma forma con ellos. Cuando no lo llevan al extremo, esto les da la apariencia de ser fáciles de tratar y divertido estar con ellos. Son gente que uno palpa que puede "hablar con ellos" cuando uno necesita un oído amigo. Sin embargo, debido a su deseo de ser reconocidos y tener buena reputación, pueden prometer demasiado. Esto puede agravarse por el hecho de que su entusiasmo a menudo conduce a expectativas poco realistas de lo que puede lograrse. Tienen que aprender a hacer una pausa y reflexionar antes de hacer promesas, porque el poder de su capacidad natural de hacer amistades se disminuye significativamente cuando no se cumplen los compromisos y se decepciona a la gente.

En cuestiones de estilo, nada con la corriente.
En cuestiones de principios, sé firme como una roca.

THOMAS JEFFERSON

El deseo de ser plenamente conscientes de quiénes somos y cómo afectamos a otros, de ser sincero acerca de nuestros puntos fuertes y claros acerca de nuestros defectos, es un signo de una persona segura de sí misma. La confianza es contagiosa. Tiene un efecto poderoso sobre los demás. Las personas que se conocen a sí mismas y se sienten cómodas consigo mismas se sienten más a gusto cuando tratan con los demás. Como tal, tienden a escuchar más las opiniones y las ideas de otros. Cuando la gente percibe que sus conocimientos y habilidades son apreciados, su nivel de confianza se eleva.

■ TERCER PASO — PERCEPCIÓN

Cuando interactuamos con los demás, existe una gran tendencia a ser bastante subjetivos, es decir, nos relacionamos con los demás en términos de lo que nos gusta o no nos gusta de ellos, si se parecen a mí o son diferentes a mí, si son inteligentes o no lo son y así sucesivamente. Aunque este enfoque crítico puede ser común, no es bueno si realmente queremos conocer el punto de vista de los demás. El mismo modelo que hemos utilizado para definir nuestro propio estilo social es igualmente poderoso para ayudarnos a pasar de ser subjetivos a ser objetivos y, como resultado, mejorar nuestra percepción de los demás.

Si observas con cuidado, es decir, si te enfocas singularmente en la otra persona, verás pautas que te ayudarán a identificar su estilo social. A continuación encontrarás algunas características adicionales de cada uno de los cuatro estilos que te ayudarán a comprenderlos.

La voluntad de ser sincera acerca de sus fortalezas y clara acerca de sus deficiencias, es el signo de una persona segura de sí misma.

DAVID MCNALLY

■ **AFABLE** — Los afables son fáciles de abordar. A menudo cuando se les saluda los acompaña una sonrisa. Son atentos y suelen esperar a que uno termine de hablar antes de ellos comentar o contestar. Son sensibles a nuestro nivel de comodidad y por lo general expresan cómo se sienten por medio de sus expresiones faciales, indicando si aprueban o desaprueban, o si se sienten contentos o molestos. Mantienen la distancia en entornos agresivos, prefiriendo esperar a que las cosas se calmen en lugar de meterse en peleas. Les gusta tomarse el tiempo para tomar decisiones y se resisten a las presiones.

■ **INICIADOR** — Los iniciadores son asertivos. Les gusta dirigir a los demás y manejar las situaciones. Van al grano y prefieren evitar las charlas triviales. Las conversaciones o discusiones con ellos se perciben como si fuesen discrepancias ya que cuestionan y debaten casi todo. Es una manera, sin embargo, de considerar todas las opciones para asegurarse de que se están tomando las decisiones correctas. Prefieren preservar sus sentimientos hasta cuando estén seguros de que pueden expresarlos. Para ellos es ideal un ambiente rápido y orientado a los resultados.

■ **ANALÍTICO** — Los analíticos son formales y reservados. No son antipáticos, pero prefieren no expresar sus opiniones o emociones. Hacen preguntas en lugar de dar instrucciones ya que su objetivo es asegurarse de que se ha analizado la situación desde todos los ángulos. No responden bien a ambientes "indisciplinados" donde las ideas son abundantes, pero no se hace mucho. Sus puntos de vista y las soluciones son el resultado de un examen cuidadoso de los hechos y la atención al detalle.

■ **EXPRESIVO** — Los expresivos chocan tu mano fácilmente y te presentan a los demás. Son espontáneos y categóricos con sus opiniones y sentimientos. Si perciben que una conversación es lenta o no hay acción, son impacientes y es muy posible que interrumpan. Dependen en gran medida de sus instintos y la intuición para tomar decisiones. Un ambiente creativo y orientado a la acción es el apropiado para que salgan sus múltiples ideas para resolver problemas y alcanzar metas. Se les reconoce por su buen humor.

Juan Ricardo, un contador de una gran empresa, aprendió el valor de comprender a los otros cuando lo asignaron con otros seis empleados al equipo a cargo de arrancar un nuevo negocio. De buenas a primeras rechazó la asignación. "Ya tengo demasiadas cosas que hacer", se quejaba. "No me gustan las reuniones temprano porque no me desempeño bien en las mañanas". Si no hubiese sido por un líder perceptivo del equipo, la actitud de Juan podría haber hundido al equipo. "Elena entendía los estilos sociales", dijo Juan después de que el equipo había terminado su misión con éxito. "Ella nos elogió por tener diferentes estilos y nos ayudó a comprender que nuestra fortaleza estaba en nuestros distintos niveles educativos, habilidades de resolución de problemas, puntos de vista, ritmos de trabajo, estados de ánimo y conductas. Para mí este fue un concepto poderoso que funcionó".

Entender los estilos sociales es un concepto potente, no sólo porque es sencillo y práctico, sino precisamente como descubrió Juan Ricardo, ¡porque funciona!

*S*ólo hay una cosa de la que estoy seguro,
hay muy pocas cosas de las que uno puede estar seguro.

SOMERSET MAUGHAM

Hace dos años tuve la visión de un plan tecnológico para nuestro distrito escolar. Los presupuestos estaban apretados, los departamentos peleaban por cada dólar para comprar nueva tecnología y había una gran discordia entre las partes académica y comercial del distrito.

Fui donde mi jefe, quien me dijo: "Adelante, pero no habrá ningún dinero", y "¿estás seguro de que quieres abrir esa Caja de Pandora?". Sugirió que le presentara la idea al superintendente para ver si le daba "prioridad" a nuestro plan de mejoramiento para el año entrante. Yo represento la parte comercial del distrito, así que hablé con mi homólogo en el lado académico. A ella también le gustó la idea.

Codirigimos un comité durante casi dos años y creamos un plan de tecnología de quince páginas. Se lo presentamos al gabinete, al consejo escolar y al público. Todo el mundo estaba a favor, pero no había forma de recaudar los 33 millones de dólares que costaba.

Para abreviar esta larga historia, el gabinete de alguna manera consiguió 4 millones para iniciar el proceso de implementación el próximo año.

Creo que con la actitud correcta, los actores correctos y la idea correcta, uno puede conseguir las cosas.

Jim Villars — Coordinador de Sistemas de Información,
Enseñanza Primaria y Secundaria

Las actitudes correctas, los actores correctos y las ideas correctas pueden sumarse para todos nosotros cuando nos comprometemos a practicar las habilidades interpersonales. Esto sucede cuando tomamos todo lo que hemos aprendido hasta ahora en los pasos 1, 2 y 3; y aplicamos ese conocimiento en el cuarto paso.

■ CUARTO PASO – VERSATILIDAD

La versatilidad es la capacidad de entender y trabajar en el "mundo" del otro. Significa apreciar las diferencias. Por lo tanto buscamos los puntos fuertes de una persona y no sus debilidades. Significa respetar las diferentes formas de aprender, de escuchar y de procesar información para poder adaptarse a ellas. A continuación se encuentran algunas de las características de una persona versátil:

- Orientada a ganar-ganar

- Adaptable

- Considera la situación

- Puede expresar o retener los sentimientos, según convenga

- Puede hablar o escuchar, según sea necesario

- Aprecia a los demás

- Dispuesta

- Sensible

- Flexible

- Considerada

Por supuesto, se corre el riesgo de describir aquí lo que algunos podrían llamar la "persona perfecta". Esa no es la intención. Pero es necesario saber lo que significa la versatilidad y saber si otros usarían algunas de las palabras anteriores para describirnos, entonces sabremos que ser realmente hábil con la gente está a nuestro alcance.

Veamos otra vez los cuatro estilos sociales para aumentar nuestro conocimiento de lo que significa ser versátil y visitar el "mundo" de otros.

■ **AFABLE** — Para trabajar efectivamente con gente afable hay que darle tiempo al tiempo para crear una relación personal, estar atentos a sus inquietudes y andar a un ritmo pausado en las conversaciones y las negociaciones. A los afables les gusta la armonía y son comprometidos en el trabajo en equipo. También son muy fieles con quienes creen que realmente se preocupan por ellos. Al presentar o discutir una idea, consideran los efectos que tendrá en la gente lo que se discute. Buscan beneficios que demuestren cómo se puede ayudar a la gente para que su trabajo sea menos estresante, tenga más apoyo o tal vez un ambiente más estable. Los afables entienden la importancia de la utilidad neta, pero es tu sensibilidad a los "temas de la gente" lo que va a ganar su compromiso.

■ **INICIADOR** — Para trabajar efectivamente con los iniciadores, hay que respetar su tiempo y estar bien preparados. Ser directo y seguro en tus puntos de vista. Pon a un lado asuntos personales en tus discusiones, a menos que te lo pregunten, porque los iniciadores tienden a ser privados en su vida personal. Gozan del respeto que viene acompañado de los logros. Al presentar o discutir una idea, concéntrate en los logros adicionales debido a su ejecución. Enfatiza en el mejoramiento de la productividad y la calidad, así como en el uso más eficiente de los recursos. Los iniciadores entienden que la gente es quien hace que las cosas sucedan, pero es la "utilidad neta" la que hace posible los empleos, los salarios y el crecimiento.

Di la verdad,
pero márchate inmediatamente después.
Proverbio Esloveno

■ **ANALÍTICO** — Para trabajar efectivamente con los analíticos, hay que estar dispuestos a contestar muchas preguntas y dar numerosos detalles. Tómate el máximo tiempo posible para contestar una pregunta o terminar una tarea. Esto asegura que se respete el hecho de que los analíticos necesitan suficiente tiempo para procesar y reflexionar una respuesta. Son más reservados en situaciones sociales, pero pueden tener un buen sentido del humor. Reaccionan bien ante aquellos a quienes ellos ven como serios y razonables. Al presentar o discutir una idea, debes tener a la mano datos, cifras y evidencias para probar tus conclusiones. Concéntrate en los beneficios de mayor seguridad, eliminación o reducción de errores o más garantías.

■ **EXPRESIVO** — Para trabajar efectivamente con los expresivos, hay que ser abierto y dispuesto a escuchar sus pensamientos y sentimientos. Las relaciones personales son muy importantes para ellos, por eso hay que invertir tiempo para conocerlos y saber quiénes son. Les gusta asumir que lo conocen a uno, así que "pasar un rato" no es necesariamente una pérdida de tiempo para ellos. Al presentar o discutir una idea, se concentran en cómo se va a eliminar una gran cantidad de trabajo meticuloso y mundano que agota sus energías y los atrasa para continuar con nuevos y más apasionantes desafíos. Describe los beneficios amplios del panorama y evita los detalles "aburridores". Pero prepárate para algunas preguntas provocativas e interesantes.

En la División de Desayunos de *Quaker Oats*, la versatilidad está firmemente integrada en la cultura. Desde el desarrollo del concepto inicial hasta el desarrollo de los prototipos y la investigación cualitativa, los científicos de alimentos e ingenieros trabajan en estrecha colaboración con mercadeo y la investigación de mercados para crear, probar y refinar los cereales de la empresa y otros alimentos de desayuno, con el fin de desarrollar una fórmula que pueda defenderse frente a sus competidores y disputar con éxito el espacio altamente competido de los estantes en los supermercados.

Tal como lo explica su vicepresidente, Polly Kawalek: "El cliente minorista busca algo que le ayude a vender más alimentos. No está interesado en algo que sea bueno para *Quaker*. Es por eso que todos, en todo el equipo, se involucran en el desarrollo de los productos. Tenemos que diseñar un paquete que proteja el producto durante el transporte y manejo en su ruta hasta el punto de venta".

La versatilidad es lo que hace que el grupo *Quaker* sea un equipo no sólo de nombre sino de cooperación, apoyo y reconocimiento por el valor de la contribución de cada uno.

Ser versátil con la gente no significa sacrificar nuestra propia personalidad o forma de hacer las cosas. Más bien significa estar dispuestos a mirar otro punto de vista, no ser intratables o inflexibles, abrirse a la negociación y hacer el esfuerzo para explicar las cosas en términos que los demás valoren y entiendan.

Ahora puede ser un buen momento para evaluar tus relaciones con la gente en tu lugar de trabajo. Recuerda que sólo con la práctica puedes llegar a ser un profesional en habilidades interpersonales. Tómate tu tiempo para trabajar en tu versatilidad, completando el siguiente ejercicio. A medida que contestes las preguntas, te darás cuenta de cómo percibes a tus compañeros de trabajo y a los clientes que son "diferentes" a ti. Con base en este auto examen, puedes formular con cada uno de ellos los pasos a seguir para crear confianza.

Cuando a las personas se les trata con dignidad y
se les da la oportunidad de hablar a su manera,
las barreras se pueden apartar, si no superar.

JOHN FRANCIS BURKE

■ CULTIVANDO TU JARDÍN DE DIFERENCIAS

En la próxima página en la columna a la izquierda del cuadro, haz una lista de tus compañeros de trabajo o de los clientes con quien te relacionas. Incluye personas con quien interactúas todos los días, con quien interactúas de vez en cuando, y con quien raras veces te ves.

En la segunda columna, escribe en qué son semejantes a ti.

En la tercera columna, "Retos de Comunicación", anota cualquier reto o retos que existen entre tu persona y cada persona que has enumerado. ¿Cómo se diferencia esta persona de ti? Puede ser tan sencillo como lo siguiente: eres un hombre y la otra persona es una mujer. Tal vez esa persona tiene más autoridad que tú. O tal vez la persona es de una cultura diferente.

En la última columna, escribe los pasos que puedes dar para aumentar la confianza entre ustedes dos. Siempre que uno se encuentra en cualquier forma de conflicto, el problema casi siempre es la confianza o, más específicamente, la falta de confianza. Mientras escribes las diferencias tal como las percibes, es cuando puedes formular formas prácticas para crear confianza. Tus esfuerzos en este sentido van a dar enormes dividendos.

Nunca entiendes realmente a una persona
hasta cuando consideras las cosas desde su punto de vista.

HARPER LEE

CULTIVANDO TU JARDÍN DE DIFERENCIAS: CREANDO CONFIANZA

GENTE CON QUIEN ME RELACIONO	SIMILITUDES	RETOS DE COMUNICACIÓN	PASOS PARA CREAR CONFIANZA
DIARIO			
PERIÓDICAMENTE			
RARAS VECES			

Tu versatilidad, en otras palabras tu respeto y aprecio por la forma en que otros trabajan mejor, generará una reacción positiva y favorable hacia ti. Los problemas se resolverán con mayor rapidez, la cooperación y el trabajo en equipo mejorará, y el trabajo será hecho de manera más eficiente. En el famoso libro *"Valuing Diversity"* (Apreciando la diversidad), los editores Lewis Brown Griggs y Lente-Louise Louw nos dicen: "El proceso de relación con su potencial para la creatividad es el elemento vital de cualquier organización. En este mundo en el que el desafío y el cambio son las únicas constantes, las relaciones personales efectivas, las relaciones interpersonales y organizativas son las herramientas más importantes para nuestra supervivencia y los vehículos para nuestro éxito".

Lo que le da a un equipo riqueza, estructura y recursividad, es la singularidad de sus miembros y una vinculación ingeniosa de sus diversos dones.

Allan Cox

■ QUINTO PASO – ACTITUD

Hasta ahora en este capítulo hemos tratado con el "por qué" y el "cómo" del desarrollo de las habilidades interpersonales. Nada de esto tiene ninguna consecuencia a menos que también "queramos" entender y efectivamente relacionarnos con quienes son diferentes a nosotros. El "querer" es un reflejo de nuestra actitud y no hay ningún aspecto de nuestra vida donde la actitud no juegue un papel fundamental en los resultados.

En un artículo de la revista *Fast Company*, Peter Carbonara nos dice: "Contrata basado en la **actitud** de las personas — Entrena para desarrollar sus **habilidades**". Este tema se ha convertido en el nuevo mantra ya que muchas empresas han comenzado a darse cuenta de que no se puede construir una gran empresa sin personas estupendas. En su búsqueda para contratar a las personas "adecuadas", las organizaciones han llegado a la conclusión de que "lo que la gente sabe es menos importante que lo que son". Una gran parte de lo "que son" incluye el respeto por sus compañeros de trabajo, flexibilidad personal y la voluntad de ser un miembro comprometido del equipo.

He aquí algunas sugerencias sobre cómo se desarrolla la actitud de "querer".

■ PONTE EN EL PELLEJO DE OTRA PERSONA. Es posible que te encuentres con compañeros de trabajo con discapacidades físicas. Saca tiempo para conocer a algunos de ellos. Deja que compartan contigo los desafíos que enfrentan, los cuales rara vez se imaginan las personas sin discapacidad. Aprecia la profundidad de sus sentimientos sobre los temas que también te interesan. Experimenta su compromiso de hacer un gran trabajo. Esto te revelará lo que es sortear las barreras que tú jamás hubieses pensado que existían.

Anhelemos entender primero y luego ser entendidos.

BECA LEWIS ALIEN

■ **COMPARTE UNA COMIDA.** En el lugar donde vivo están de moda las reuniones para desayunar. Si no eres una persona mañanera, estos desayunos son difíciles, pero son buenas oportunidades para conocer gente en el trabajo y para cultivar tu red de contactos profesionales. La hora del almuerzo es otra oportunidad para compartir con tus clientes, atender reuniones de asociaciones profesionales, atender seminarios de almuerzo de "lonchera" patrocinados por la empresa y otras reuniones de grupos donde se pueden desarrollar relaciones comerciales a un nivel más personal.

■ **RESPETO POR LA CULTURA DEL CLIENTE.** Esfuérzate para comprender y respetar el lenguaje, los valores y las tradiciones de tus clientes. Reconoce que incluso los edificios que se construyen pueden atraer o rechazar a gente de diferentes culturas. Una empresa, al darse cuenta de que los chinos aprecian la arquitectura que se adapta a sus ideales de armonía con los elementos de la naturaleza, cambió la iluminación de su edificio cuando se dio cuenta de que los chinos asocian el matiz de la luz azul con la muerte.

■ **COMUNICACIÓN.** Si en tu oficina te das cuenta de que una persona en tu equipo de trabajo raras veces toma la iniciativa en las conversaciones o no te da la mirada, en lugar de asumir que la persona es fácil de controlar o no gusta de ti, profundiza un poco más. Es posible que esta persona simplemente sea tímida o pertenece a una cultura en la cual es costumbre ceder a aquellos que tienen la autoridad.

■ **VOLUNTARIADO.** Sirve en un grupo de trabajo, comité o junta que se ocupe de un tema que te interese. En el proceso de trabajar juntos, puedes ganar un aprecio más profundo por el poder del trabajo en equipo y lo mucho que éste puede lograr. Es una poderosa experiencia que, cuando se transfiera, mejorará la calidad de tus relaciones personales y profesionales.

■ **PARTICIPA.** Suscríbete a un programa de aprendizaje empírico o al aire libre. Algunos de los aprendizajes más poderosos de la dinámica de grupos ocurren cuando estamos fuera de las rutinas normales y nos ofrecen oportunidades excepcionales o singulares para romper las limitaciones personales en pensamiento o conducta. En un ambiente de apoyo en un taller de aprendizaje experiencial, los participantes adquieren nueva conciencia de la forma como sus propios comportamientos y actitudes hacia los demás los pueden estar frenando.

■ **ESCUCHA.** La interacción exitosa con casi todo el mundo no es más compleja que la de estar genuinamente interesado en otros. Y es tu disposición de escuchar de verdad la que valida ese interés. De hecho, más comprensión, más reconocimiento, más compañerismo, más trabajo en equipo, más cariño, más amor, más cooperación y más alegría se han derivado del simple acto de escuchar, más que de las palabras pronunciadas por los oradores más grandes del mundo.

Nuestras actitudes, el enfoque que le damos a la vida, son las semillas con las que creamos nuestras vidas. Cuanto más deseamos experimentar amor, armonía, apoyo, estímulo y reconocimiento en nuestras vidas, tanto más necesitamos expresar esas cualidades a los demás. Estas no son cosas vagas o cursi, estas son las "cosas" más estupendas en el mundo. Los seres humanos obtenemos una parte importante de nuestra autoestima en nuestras buenas relaciones con los demás. La afiliación, el reconocimiento, el afecto y la afirmación nutren nuestra humanidad y alimentan nuestras almas.

Me doy cuenta de las diferencias obvias
en la familia humana.
Algunos somos serios,
Algunos prosperan en la comedia...

La variedad de los matices de nuestra piel
puede confundir, aturdir, deleitar,
marrón y rosado y beis y morado,
bronceado y azul y blanco.

He navegado en los siete mares
y he parado en todos los países.
He visto las maravillas del mundo,
aún no a un hombre común.

He conocido diez mil mujeres
llamadas Juana y María Juana,
pero no he visto dos
que realmente sean la misma...

Me doy cuenta de las diferencias obvias
entre cada especie y tipo,
pero somos más parecidos, amigos míos,
que diferentes.

Somos más parecidos, amigos míos,
que diferentes...

EXTRACTOS DE "LA FAMILIA HUMANA"
POR MAYA ANGELOU

CONFIANZA

LOS QUE SOBREVIVEN SE ENFOCAN EN	LOS QUE PROSPERAN SE ENFOCAN EN
▪ Esperar	▪ Compartir
▪ Percepciones personales	▪ Establecer relaciones
▪ Trabajar con otros	▪ Trabajar en equipo
▪ Las diferencias como un problema	▪ Las diferencias como una solución
▪ Anhelar la conformidad	▪ Apreciar la diversidad
▪ Lo probado y verdadero	▪ Lo verdadero y original

CÓMO CREAR UNA ORGANIZACIÓN QUE PROSPERA

- Liderar con el ejemplo
- Crear una cultura de confianza
- Comprender el propósito del liderazgo: facultar liberar y servir
- Recordar que las soluciones residen en los cerebros de la gente
- Delegar autoridad

- Solicitar ideas de todos
- Facilitar foros para diálogos abiertos
- Identificar los valores y atenerse a ellos, a menos que algo inspirador se presente
- Mantener a todos informados sobre su desempeño en cuanto a sus metas y las de la empresa
- Erradicar la burocracia

7

ALIMENTANDO EL CORAZÓN, LA MENTE Y EL ALMA

El trío de la armonía

Los que prosperan saben lo que es importante —
buscan desempeño y satisfacción.

DESDE LOS QUINCE HASTA MIS VEINTICUATRO AÑOS, pasé la mayor parte de mis fines de semana, mis vacaciones y hasta los días de licencia por "enfermedad", practicando surf en las playas de mi estado de origen en el sur de Australia. Yo no era exactamente un buen surfista, pero me encantaba el "surfing" con gran pasión. Hoy en día mis hijos se burlan de mí afablemente por la "barriguita" que tengo y mi amplia calvicie. A ellos les resulta difícil creer que el hombre musculoso de las fotos con el bronceado intenso y el cabello rubio, es su padre. En mi defensa, también les resulta difícil creer que la chica a su lado en el diminuto bikini es su madre. ¡Pero lo juro, somos nosotros!

No hay emoción tal como montar la ola perfecta. Todavía no se ha inventado una montaña rusa que pueda competir con la magnificencia y el poder del océano. Combinarse con esta fuerza de la naturaleza y experimentar armonía con su flujo es impresionante, en el mejor sentido de la palabra.

En su libro, *If it aint broke ... BREAK IT! (Si no está roto...¡RÓMPELO!)*, los autores Robert Kriegel y Louis Patler ofrecen las "Reglas de los surfistas." Ahora es posible que, tal como yo, tus días de arriesgar la vida a ese nivel ya dejaron de existir, así que encontrar la ola perfecta no está en la lista de tus objetivos. No obstante, estas "reglas" podrían ser fácilmente la filosofía de cualquiera que quiera prosperar.

Estas son las reglas de los surfistas:

- La pasión domina

- Si no te atreves, no gozas

- Espera caerte

- No le des la espalda al océano

- Mira siempre hacia "afuera" para la próxima oportunidad

- Muévete antes de que la ola te mueva

- Jamás practiques surf solo

Los autores resumen la importancia de la aplicación de estas reglas al afirmar: "El futuro nos está llegando como enormes olas de cambio. Las olas crecen desde California a Calgary y a Calcuta. Pero cómo reaccionemos es una cuestión de opciones. Podemos quedarnos en la playa o meternos en el mar".

En el mundo del surf hay individuos llamados poseros. Estos individuos merodean vestidos con todo el equipo adecuado, pero nunca se montan en las olas. La emoción, la experiencia del surf nunca será de ellos. Algunas personas posan como personas que prosperan. Si posar como una persona que prospera no es lo nuestro, entonces debemos tener la integridad para distinguir el sentimiento, la emoción de prosperar, de la apariencia de prosperar. En otras palabras, qué victoria vacía sería si, para el mundo, en apariencia estamos prosperando, pero nuestra experiencia interna es algo radicalmente diferente.

De todas las posesiones terrenales, el aplomo es una de las mejores.

GEORGE D. PRENTICE

En el prólogo de este libro definí prosperar como crecer y salir adelante. La **experiencia** de prosperar, por lo tanto, es el propósito más elevado de la humanidad: una vida **rica fuera y dentro de nosotros**. ¿Cómo la creamos?

Hay dos tendencias que se notan claramente en las sociedades desarrolladas de hoy. Una de ellas es la necesidad constante de mejorar la calidad de nuestros productos y servicios si queremos competir eficazmente en una economía global. La otra, igual de apremiante y evidente, es el deseo de amplios sectores de la población de mejorar su calidad de vida. Estas tendencias, si se consideran aisladamente, tienen el potencial de causar grandes discrepancias, ya que cada una exige un sólido compromiso.

"Mantén tu vida en equilibrio", es el consejo que comúnmente se le ofrece a aquellos que quedan atrapados tratando de hacer malabarismo con sus responsabilidades y obligaciones en aparente rivalidad. ¿Malabarismo? ¿Equilibrio? Estas palabras evocan imágenes de mantener un número de bolas en el aire al mismo tiempo, o caminar por la cuerda floja sin una malla de seguridad. Hacer esto puede ser divertido para el artista de circo, pero para el resto de nosotros, sin duda causa considerables estrés y tensión. No obstante, uno de mis clientes recientemente me confrontó con lo siguiente: "¡Nuestras vidas son como un circo! ¿Por qué crees tú que esas tiras cómicas de Dilbert están por todas partes?".

¿Hay una solución, o estamos condenados para siempre al desequilibrio?

Si aceptamos que las presiones de la competencia y las nuevas tecnologías exigen que las organizaciones estén en un estado de constante transformación y que el cambio sea una parte integral de nuestra vida cotidiana, entonces para alcanzar el estándar que deseamos, tanto para nuestro trabajo como para nuestra vida, necesitamos una palabra que defina exactamente lo que deseamos lograr.

La palabra "mezclar" significa fusionar, combinar armoniosamente, unir perfectamente. ¿No es ésta una descripción más precisa de nuestros deseos? Si pudiéramos organizar nuestra lista de "cosas por hacer" de tal manera que al final del día nos sintamos realizados y no frustrados, ¿no sería el encontrar la manera de hacerlo, digno del compromiso más profundo?

Es posible que no hayas considerado, sin embargo, el **coraje**, la valentía que esto requiere. Es fácil hablar del deseo de tener una mayor armonía en nuestras vidas, porque en este mundo de trabajo incierto, las demandas de quienes nos emplean no pueden ser ignoradas. Incluso las mejores intenciones se pueden disolver rápidamente cuando se enfrentan a la elección entre mantener la promesa de asistir a un partido de fútbol de nuestro hijo, o responder a la solicitud de último minuto de quedarse tarde para terminar un proyecto. Mientras que terminar el proyecto es una respuesta entendible en un mercado que no perdona, aquí surgiría un conflicto porque ¡ya no quedan muchos partidos de fútbol!

Tener coraje, valentía, es actuar como uno cree que debería hacerlo.

Cada vez que elegimos vivir de acuerdo con nuestros valores, somos valientes. Siempre que corremos el riesgo de ser criticados por otros por ser firmes con nuestras creencias, somos valientes. Cuando definimos el éxito en nuestros propios términos y trabajamos para conseguirlo, somos valientes. Cuando admitimos nuestros errores y pedimos disculpas, somos valientes. Cuando perdonamos a los demás por sus errores, somos valientes. Cuando nos comprometemos totalmente con nosotros mismos, somos valientes. Cuando expresamos gratitud por la vida misma, somos valientes. Cuando enfrentamos una adversidad y aun así "ponemos la cara" para cumplir con nuestras responsabilidades, somos valientes.

Cuando tengo que hacerlo, trabajo furiosamente
porque estoy furioso por tener que trabajar.

GEORGE SOROS

Eres valiente. Se necesita valor para leer un libro como éste. No te estás escondiendo, ni haciendo caso omiso de lo que quieres de la vida, o culpando a otros por tus circunstancias, carente de voluntad para cambiar. No hubieras llegado tan lejos si no hubieses demostrado tu valentía leyendo, reflexionando, considerando, discutiendo, estando de acuerdo, aceptando, cuestionando, respondiendo y desafiando. Lo estás haciendo porque tienes la audacia de pedirle a la vida todo lo que ella tiene para ti. ¡Tienes el brío para ser una persona que prospera!

Tengo una compañera de trabajo que optó por dejar de trabajar y quedarse en casa para ser una influencia en sus dos hijos. Cuando ellos entraron en la escuela secundaria, ella regresó a estudiar y terminó sus estudios universitarios. Desde que regresó al mundo del trabajo, ha utilizado las habilidades que desarrolló en la gestión de su hogar, de ser una madre que brinda afecto a convertirse en una supervisora consciente de los costos, pero que brinda también calidez y estimulo.

Además ha continuado con su educación. Terminó un posgrado en MBA (Maestría en Administración de Negocios) y es candidata para recibir una certificación profesional como auditor interno. Ella es de mente abierta pero centrada, fuerte pero afectuosa, consciente de los costos pero no mezquina. No tengo ninguna duda de que la van a promover a la gerencia en los próximos dos a tres años.

Glen Young — Auditor Interno,
Central & Southwest Services

En esta siguiente etapa de nuestro viaje hacia la prosperidad, nuestro objetivo es aprender cómo pasar de los angustiosos malabarismos de nuestras vidas personales y profesionales a una "mezcla" más transparente de ambas. En otras palabras, en lugar de tratarlas como fuerzas que compiten, comprendamos que ambas son importantes y dignas de nuestro compromiso; que ambas necesitan nuestra atención si queremos ser felices. Ahora el asunto es descubrir cómo establecemos prioridades para que una mayor armonía emerja como resultado.

Cuando comenzamos cualquier cambio o cuando creamos algo nuevo, siempre es prudente evaluar la realidad actual. Toma unos momentos para relajarte y reflexionar acerca de tu vida actual.

Imagínate que eres un águila volando por encima del tiempo y el espacio. Abajo observas la vasta extensión de tu vida. Abres tus alas y planeas por encima de los picos y los valles, inspeccionando las decisiones personales y profesionales que has tomado, las medidas adoptadas, los momentos alegres y tristes que has tenido.

Las principales fuerzas e influencias en tu vida: carrera, familia, relaciones, amigos y experiencias aparecen como ríos. En ciertos puntos dos o más ríos confluyen, convirtiéndose en fuerzas de gran importancia en tu vida: el matrimonio, un nacimiento, dejar a alguien o tal vez perder seres queridos.

Aprietas suavemente tus alas y flotas hacia abajo. Tu vista te lleva hacia un río que es profundo, amplio y poderoso. En sus aguas por último fluyen otros tres grandes ríos. Mientras contemplas este río, lo reconoces como el reflejo de tu Yo sublime o lo mejor de ti.

Lo mejor de ti es la mezcla armoniosa de tres elementos dinámicos e interactivos: tu alma, tu corazón y tu mente creativa. A través de nuestras almas nos expresamos espiritualmente, a través de nuestros corazones nos expresamos emocionalmente y a través de nuestras mentes nos expresamos en forma creativa. Cuando alimentamos estos tres aspectos de nuestras vidas, obtenemos poderosas recompensas. Vemos mayores posibilidades para nuestras propias vidas y las de nuestra familia. Somos más flexibles y

El dinero no es todo, pero la pobreza tampoco lo es.

W. ROYSTER

elásticos. Somos más adaptables, más dispuestos y capaces de manejar el cambio. Nos enfocamos más y somos más positivos en todo lo que hacemos.

Si fallamos en cuidar nuestro Yo sublime, nos convertimos en seres humanos limitados, menos realizados; dificultando, en última instancia, nuestra capacidad de apreciar plenamente nuestros logros.

Personalmente he tenido que hacer algunos cambios en mi vida. Este agosto pasado me sentía totalmente agotada. No podía funcionar bien, no podía concentrarme y lloraba por todo. Jamás había experimentado algo parecido.

Trabajé con un consejero de nuestro programa de asistencia al empleado y él me remitió a otro consejero. Tomé un mes de vacaciones (¡todavía no fue suficiente!), en el que le di prioridad a mi propia vida aplicando el principio "Yo soy número uno". Se me había olvidado hacerlo, a pesar de que estoy en una profesión para ayudar a otros y hablar de esto con los demás.

Aprendí mucho de mí misma en ese mes: de dónde venían mis pensamientos negativos y qué cambios tenía que hacer. Con el apoyo de mi consejero, estoy aprendiendo a observar lo que es importante y lo que no es, a decir "no", a delegar y a crear un ambiente menos estresante.

Todavía no hallo comodidad en mi rutina, y es posible que nunca la halle, pero me sigo diciendo a mí misma que no puedo jamás regresar a lo que sentí el otoño pasado.

Sandy Manderfeld — Coordinadora de Voluntariado,
Saint Cloud Hospital

No puede haber otra crisis sino hasta la semana entrante. Mi agenda está repleta.

HENRY KISSINGER

Nuestro Yo sublime, sin embargo, no se debe separar de la forma en que nos ganamos la vida, como tampoco se puede separar de cualquier otro aspecto importante de nuestras vidas. Cuando tratamos de crear esta separación, nos hacemos menos eficaces tanto dentro como fuera del trabajo. Tal como nos dice el consultor de gestión Stephen Boehlke: "Más de un alto ejecutivo me ha manifestado: 'Cuando vengo a trabajar, dejo a mi Yo sublime en la puerta'. Y cuando en mis presentaciones de formación hablo de la importancia de traer el Yo sublime al trabajo. A veces la gente me dice '¿Por qué debo hacerlo?' El resultado final de tal actitud es una incapacidad de confiar en nosotros mismos".

Los que prosperan reevalúan constantemente sus necesidades, valores y prioridades. Reconocen que los valores y las prioridades cambian con el tiempo y por lo tanto hacen correcciones apropiadas para compensar. También ven cómo todas sus experiencias son valiosas y contribuyen a la plenitud en sus vidas. Porque cada uno de nosotros es único, no hay una sola receta universal para atender las necesidades de tu mente, corazón y alma.

El siguiente proceso te ayudará a descubrir qué actividades responden a esas necesidades.

Cuando termines, examina tus listas exhaustivamente. Si cualquier actividad parece imposible, una fantasía irreal, fíjate si puedes encontrar una manera para modificarla hasta el punto en que podría convertirse en una posibilidad, si no ahora, en algún momento en el futuro.

Al reflexionar dónde te encuentras y dónde quieres estar, asegúrate de tomar el tiempo suficiente para contestar plenamente cada una de las siguientes preguntas. Anota todo lo que se te venga a la mente, sin importar lo absurdo o irreal que te parezca. Evita la autocensura por cualquier motivo. Incluye actividades que te parezcan divertidas o alegres.

¿Qué me satisface?

¿Qué me inspira?

¿Quién me inspira?

¿Quién me deleita?

¿Qué valoro?

¿A quién valoro?

¿Cuál creo que es mi propósito?

Ahora pasa de la reflexión a la acción, ya que es la acción la que altera nuestra experiencia. Lee las listas de tu primer grupo ya que serán la base de tus respuestas a las siguientes tres preguntas.

¿QUÉ PUEDO COMENZAR A HACER HOY PARA LOGRAR QUE MI VIDA TENGA MÁS SIGNIFICADO?

¿QUÉ VOY A EMPEZAR A HACER DENTRO DE LOS PRÓXIMOS TREINTA DÍAS PARA DARLE UN MAYOR SENTIDO DE SATISFACCIÓN A MI VIDA?

¿QUÉ HARÉ EN EL PRÓXIMO AÑO PARA TRANSFORMAR MIS SUEÑOS EN REALIDAD?

Los elementos de estas tres nuevas listas deben ser aquellos a los que deseas darle prioridad. Deben reflejar lo que te llena y lo que hace una diferencia para ti. Y cada lista tiene su propio cronograma para hacerlos parte de tu vida. Tu próximo paso es comenzar a hacer realidad todas o algunas de estas actividades, poniéndolas en tu horario con regularidad.

Identifica todo lo que es importante para ti: tiempo para meditar, tiempo para pensar, tiempo para ver los dibujos animados con tus hijos o para dormir una siesta con tu cónyuge; luego honra esa actividad abriéndole un espacio en tu horario. No pienses en el tiempo para ti mismo como "tiempo extra" que puedes reasignarle a otras actividades cuando las cosas toman más tiempo de lo esperado. En su lugar piensa en ese tiempo como "momentos de ideas", esos momentos creativos cuando las buenas ideas o grandes pensamientos surgen para inspirarte y animarte.

Honrar tu Yo sublime es la experiencia más gratificante que la vida tiene para ofrecerte. También es un legado duradero para las generaciones futuras, una contribución que se multiplicará y crecerá en mil maneras positivas.

Pero reconozcamos que lo que estamos discutiendo, aunque conmovedor y atractivo, no es fácil de ejecutar. En la revista *Catholic Digest*, Bette Rowland comentó: "Durante mucho tiempo me pareció que la vida estaba a punto de comenzar, pero siempre había algún obstáculo en el camino. Algo tenía que ser primero, algún asunto sin terminar, tiempo por pasar, una deuda que pagar. Entonces comenzaría la vida. Por fin me di cuenta de que estos obstáculos eran mi vida".

Si te identificas con Bette, he aquí otra manera práctica de poner en acción las ideas que hemos estado discutiendo.

La realidad nos dice que muy raras veces una persona ocupada completa toda su lista de "cosas por hacer" en un solo día. Es por eso que muchas empresas han ganado fortunas ayudando a la gente a crear prioridades. ¿Cómo nos aseguramos entonces que en nuestro bien organizado "hacer", estamos "siendo" la persona que queremos ser? Sólo aclarando diariamente lo que realmente es importante para nosotros y luego comprometiéndonos a lograr esas metas cotidianas. Las siguientes tres preguntas te ayudarán a conseguirlo.

Si sólo dejáramos de tratar de ser felices nos divertiríamos más.

EDITH WHARTON

¿QUÉ COSA CONCRETA Y PRÁCTICA PUEDO HACER HOY PARA MEJORAR PROFESIONALMENTE?

¿QUÉ COSA CONCRETA Y PRÁCTICA PUEDO HACER HOY PARA MEJORAR MI CALIDAD DE VIDA?

¿QUÉ COSA CONCRETA Y PRÁCTICA PUEDO HACER HOY PARA MEJORAR LA CALIDAD DE VIDA DE OTROS?

Escribe tus respuestas en tu agenda o en una libreta que te ayude a recordarlas. A medida que transcurre el día, concédele prioridad a cada una de las metas pequeñas, o no tan pequeñas. Si haces esto todos los días durante un año, habrás mejorado casi mil cien veces más tu propia vida y la de los demás.

Cuando organizas tu tiempo de esta manera para que honres tu Yo sublime, tu vida mejorará porque estás haciendo todos los días esas cosas que la mejoran. Al principio puedes pensar que tu compromiso con estas metas restringirá tu tiempo. Pero, paradójicamente, la realidad es todo lo contrario. Dedicarle tiempo a lo que tú consideres de verdad importante, significa que estás escogiendo libertad para mantener el control frente a esas presiones y esas mismas circunstancias que hacen que muchas personas se sientan fuera de control.

Todas las noches le entrego mis preocupaciones a Dios.
Él va a estar despierto toda la noche de todos modos.

MARY C. CROWLEY

El tiempo es el más precioso de todos los bienes. Existe sabiduría en reconocer que tú no puedes hacerlo todo. Debes preguntarte entonces, ¿qué es lo verdaderamente importante?

En el corazón de mi declaración de propósito personal dice "transformar vidas". Hay un sentido de integración cuando se pone algo noble (más grande que uno mismo) en el centro de tu vida.

Desarrollar y facultar a otros es a la vez el medio y el final de lo que estoy haciendo con mi vida a medida que me empeño en combinar mis funciones como padre, esposo, gerente general y líder en mi industria. Ya que mis funciones dentro de estos roles son primordialmente las de maestro, mentor y consejero.

No pretendo ser particularmente bueno en fomentar o facultar, pero siento que es algo que me llena de satisfacción.

El tira y jala de la vida cotidiana siempre estará presente, pero permanecer fiel a mi propósito me permite una mayor armonía.

James Gabbert — Gerente General, Gabberts Inc.
National Furniture Retailer

La alegría de la vida está compuesta de victorias aparentemente triviales que nos dan nuestras propias pequeñas satisfacciones.

BILLY JOEL

No podemos terminar este capítulo sin darle seria consideración a lo que va más allá de priorizar nuestros siempre cambiantes compromisos. Aunque bien podemos graduarnos como estupendos ejecutores del arte de fusionar nuestras actividades diarias para reflejar lo que valoramos y en lo que creemos, cada uno de nosotros debe escaparse por un buen tiempo para redescubrir quiénes somos por fuera de las tareas que realizamos y las promesas que hacemos.

Nuevamente, esto no es fácil. "¡La empresa se vendría abajo sin mí!" "¡Mi escritorio será un desorden cuando regrese!" "¡Ahora mismo sería demasiado egoísta de mi parte ausentarme por tanto tiempo!" Estas son solamente algunas de las razones que la gente da para no ausentarse más de un par de días del trabajo. De hecho, la duración promedio de las vacaciones de un trabajador estadounidense se ha reducido a tres días. No es que a las personas no les asignen vacaciones más largas, sino que les preocupa ausentarse de sus puestos durante más tiempo. ¿Pero este enfoque a corto plazo le sirve a nuestro crecimiento, o lo impide a largo plazo?

En Australia, donde crecí, la gente toma habitualmente sus vacaciones completas de tres a cuatro semanas con regocijo; y en Francia, prácticamente todo el país se toma todo el mes de agosto de vacaciones cada año. En uno de mis seminarios hace poco tiempo, había varios participantes franceses a quienes pregunté que si lo que te acabo de decir es cierto. "Sí", me contestaron. "Además nos pasamos todo el mes de julio preparándonos para las vacaciones de agosto".

El atardecer ocurre sin tu ayuda.

EL TALMUD

Aquellos de nosotros que son "indispensables" se enfrentan una vez más con la necesidad de la valentía. Tres días no son "vacaciones". No son suficientes para sacar nuestros pensamientos del trabajo ni de las rutinas de nuestras ocupadas agendas. Necesitamos suficiente tiempo para apartarnos por completo de nuestras obligaciones y de nuestra rutina diaria. Necesitamos salirnos por completo de nuestro mundo habitual para desconectarnos y poder descansar. Necesitamos renovación y rejuvenecimiento.

También tenemos que recordar que el nuevo mundo del trabajo exige seres humanos que contribuyan, que sean creativos y comprometidos. Sólo aquellos que "invierten" el tiempo para reinventarse física, espiritual, mental y emocionalmente serán capaces de cumplir con esos requisitos.

Gasta cada día como si fuera el último...
y estarás quebrado al atardecer.
LOS ANGELES TIMES SYNDICATE

¿Qué más puedes hacer para que tu vida sea más plena, más gratificante y más saludable? A continuación encontrarás algunas sugerencias:

■ **TÓMALA SUAVE.**   Recientemente entrevisté a un ejecutivo de una de las empresas de servicios financieros más grandes del mundo. Me sorprendió cuando me dijo, apenas comenzando nuestra conversación, que una característica que él creía esencial para prosperar en el nuevo mundo del trabajo es la capacidad de divertirse y reírse. Sugirió que el sentido del humor es una excelente señal de buena autoestima y de una perspectiva saludable.

El sentido del humor se reconoce hoy en día clínicamente como una comprobada válvula de escape. Nos ayuda a liberarnos por unos momentos de las tensiones y presiones de la vida. En el curso de un solo día, un sentido del humor bien desarrollado puede proporcionar una docena o más de breves "vacaciones" de las presiones y personas que son difíciles de manejar. Debemos aprender que podemos tomar las cosas en serio sin ser solemnes. Debemos ser capaces de reírnos en lugar de crear roces por fallas humanas o por metidas de pata, incluyendo las nuestras.

■ **DISEÑA ALGO.**   ¿No estás conforme con la forma en que tu lugar de trabajo está diseñado? Dibuja algunas opciones de reorganización para que sea más práctico, eficiente y cómodo para ti. ¿Deseas tener un organigrama que te muestre exactamente cómo cada división de tu empresa se conecta con su propósito? Elabora uno tú mismo. Con frecuencia, este tipo de "visualización" nos lleva a algunas ideas muy valiosas, muchas de las cuales pueden traducirse en mejoras específicas o en elementos adicionales importantes. Pero aún si tus ideas nunca se ejecutan, pensar de esta manera te ayudará a mantener tu mente nítida y tu creatividad fluida.

> **S**i pudiera caerme muerto en este momento,
> yo sería el hombre más feliz del mundo.
>
> Samuel Goldwyn

■ **INVENTA ALGO.** En lugar de simplemente desear una mejor trampa para ratones, o una mejor silla para la oficina, o una mejor salsa para la pasta, o un mejor método para enseñar matemáticas a los niños; dedícale tiempo para hacerlo tú mismo. Dependiendo de tus habilidades, es posible que simplemente escribas tus ideas, o dibujes diagramas, o construyas un prototipo de trabajo, o inventes un sistema entero. El desarrollar estas ideas puede despertar tus fuerzas creativas. Además, si tu invención vale la pena, puede resultar en un ascenso, más dinero o tal vez incluso en un nuevo rumbo para tu vida.

■ **MANTEN UN DIARIO.** Puede ser tu diario personal; una libreta con tus puntos de vista, reflexiones y observaciones; un registro con las ideas y afirmaciones de los demás que tengan significado para ti; o un lugar dónde puedas escribir tus ensayos, poemas o historias. Algunos ponen a un lado tiempos específicos para escribir en sus diarios; otros siempre tienen sus diarios con ellos, algunos mantienen un archivo en sus portátiles o tabletas y hacen anotaciones cuando creen que es importante hacerlo.

■ **MEDITA.** Aunque la meditación es una técnica efectiva para reducir el estrés y una técnica de relajación, también es una herramienta poderosa para la concentración, para mejorar la creatividad, así como para intensificar la claridad y la comprensión. La meditación viene en una variedad de estilos y métodos, algunos son laicos y otros son religiosos. Algunos estilos son costosos para aprender, pero la mayoría son gratis o de bajo costo. Diseña tu propio estilo de meditación.

M irando en retrospección, siempre estaba escribiendo tonterías por supuesto. Pero es mejor escribir tonterías que nada en absoluto.

SAMUEL GOLDWYN

■ **CREA UNA OBRA DE ARTE.** Dibujar, trabajar la madera, escribir, tocar un instrumento musical, pintar, esculpir y actuar. Todo esto puede ponerte más en contacto con tu Yo sublime, y al mismo tiempo son actividades agradables. Si eres un novato, toma clases en una academia o en un programa de formación continua. O aprende por tu cuenta, a través de ensayo y error.

■ **HAZ EJERCICIO.** El ejercicio de ligero a moderado nos ayuda a reducir el estrés y nos hace más flexibles física, mental y emocionalmente. Muchos de los más grandes pensadores y líderes en todo el mundo hacen caminatas largas regularmente, por lo general solos. El caminar los enfoca en sus pensamientos y les ayuda a centrarse en sí mismos. Algunos dicen que obtienen sus mejores ideas mientras caminan. Yo camino tres millas todas las mañanas temprano, inmediatamente después de que me despierto. Uso ese tiempo para limpiar las telarañas mentales, afirmar lo que quiero para mi vida y reflexionar sobre lo que quiero lograr durante el día. Estas caminatas me ayudan a hacer conexiones, me dan energía y me relajan.

■ **DUERME MÁS.** Existe la opinión general de que el dormir no es productivo, una pérdida de tiempo. Pero estudios han demostrado que la falta de sueño hace que la gente sea menos efectiva. Dormir lo suficiente, literalmente, te hace pensar más nítidamente, te enfocas mejor y eres más efectivo en lo que haces. Mucha gente exitosa por lo general hace siestas regularmente por la tarde y en muchos países como Italia, España y México es normal dormir la siesta.

■ **TOMA TIEMPO PARA PENSAR Y REFLEXIONAR.** La mayoría de nosotros hemos llegado a tal punto que solo nos orientamos a la acción, de tal manera que no sacamos tiempo para considerar qué significa todo esto, quiénes somos y hacia dónde nos dirigimos. En contraste, muchas personas exitosas me dicen que su tiempo más productivo, los momentos en que obtienen sus mejores y grandes ideas, es cuando cierran la puerta de su oficina y se permiten contemplar y reflexionar.

Finalmente, me gustaría recomendarte un ejercicio para completar tu día. Es el reconocimiento de una persona que rara vez reconoces: ¡tú mismo!

Cada noche, mientras te preparas para acostarte, o justo antes de que apagues la luz, dedica un par de minutos para hacerte las siguientes preguntas:

¿Qué aprendí hoy?

¿Qué hice hoy para mejorar la calidad de mi trabajo?

¿Qué hice hoy para hacer que mi vida tenga más significado?

Estas preguntas logran dos objetivos. Son una forma de darte una palmadita en la espalda y mantener tu vida en línea. Ten en cuenta que la meta no es la perfección, la meta es el progreso. Es el movimiento continuo hacia una vida rica interna y externa que hemos descrito anteriormente como la **experiencia** de la persona que prospera.

La risa es el vino para el alma.

Una vez que podamos reír, podemos vivir.

Es la declaración regocijante del hombre que la vida vale la pena vivirla.

El hombre siempre es optimista, siempre presionando hacia mejores cosas.

La risa la traemos para burlarnos de las cosas

tal como son para que se derrumben,

y abran espacio para mejores cosas por venir.

RAINER MARIA RILKE

LOS QUE SOBREVIVEN SE ENFOCAN EN

- Apagar incendios
- Ser cautelosos
- Lo que es seguro
- Lo que pueden obtener
- Los obstáculos
- El futuro como algo incierto

LOS QUE PROSPERAN SE ENFOCAN EN

- Abrir caminos
- Ser valientes
- Lo que es cierto
- Lo que pueden dar
- Sus sueños
- El futuro sin límites

CÓMO CREAR UNA ORGANIZACIÓN QUE PROSPERA

- Liderar con el ejemplo
- Ser sensible a la sobrecarga y el desgaste de los empleados
- Desarrollar altos estándares éticos y comprometerse con ellos
- Respetar la necesidad de renovación mental, física y espiritual
- Planificar para las necesidades inesperadas en la vida personal de los empleados
- Exhortar a tomar vacaciones
- Crear oportunidades para la socialización entre empleados
- Crear un sentido de comunidad
- Tratar a los empleados tal como se espera que ellos traten a los clientes

8

¿DE QUÉ SE TRATA TODO ESTO?

Del éxito al significado

Los que prosperan aman la vida —
aceptan la alegría y el dolor como parte del juego.

A LA EDAD DE OCHENTA Y NUEVE AÑOS, en una época cuando muchas personas apenas cuelgan de un hilito de vida o ya han fallecido, el explorador y aventurero de toda la vida, Norman Vaughan, seguía esforzándose para alcanzar su cima. En enero de 1995 Vaughan se pasó ocho días luchando contra ráfagas de viento de 40 nudos y un frío ártico hasta convertirse en la primera persona en escalar la montaña de 3.140 metros que él y el legendario explorador Richard Byrd habían descubierto en una expedición sesenta y cinco años antes. Después de varios intentos, Vaughan y su equipo finalmente llegaron a la cumbre del monte Vaughan, sólo tres días antes de cumplir sus ochenta y nueve años.

En la rueda de prensa después del ascenso, este exvendedor de automóviles, piloto de motos de nieve e instructor de esquí le dijo a la prensa que él hubiera hecho el ascenso más rápido si su tobillo derecho fusionado y su reemplazo de rodilla no le hubiesen obligado a escalar la montaña directamente hacia arriba. Cuando le pidieron su reflexión sobre las lecciones de su último logro y de su larga vida, Vaughan le dijo a un reportero del *Washington Post* que el logro de metas nobles y haber tenido grandes aventuras no son tan importantes por lo que te dan externamente; lo que realmente importa es el desafío, la confianza y el auto-descubrimiento que suministran a nuestro interior.

No busques solo tocar la pelota. Apunta fuera del estadio.

DAVID OGILVY

"Hoy en día no se escucha mucho sobre los sueños que tiene la gente", dijo Vaughan. "Es casi como si tuviesen miedo de descubrir lo que son capaces de hacer individualmente y prefieren sólo seguir a otra persona. Pero todos tenemos dentro de nosotros más de lo que creemos posible. Tenemos que soñar en grande y atrevernos a fracasar para lograrlo".

Janis Hahn tenía diecisiete años y estaba hospitalizada recibiendo tratamiento para el cáncer. Pero nadie le había dicho que tenía cáncer. Cuando se enteró curioseando su historia clínica que estaba en el escritorio de su médico, se sorprendió al ver que el pronóstico decía de seis a dieciocho meses de vida. Su indignación la estremeció. "¡Oh, no!" dijo en voz alta. "No puedo aceptar esto. Voy a seguir adelante con mi vida".

Ella continuó su tratamiento, que incluyó ocho cirugías más, y al mismo tiempo regresó a sus estudios. Decidió hacer una carrera como técnica en radiología y después de graduarse se mudó a San Diego para trabajar en un hospital.

A Janis no le gustaba la rutina de nueve a cinco y, además, ella requería muchos días libres de licencia por enfermedad, así que renunció a su trabajo, pero comenzó a trabajar en los diferentes departamentos de radiología que necesitaban ayuda adicional. La demanda fue tan grande que le solicitó ayuda a sus amigos. Así nacieron las semillas de un negocio.

Janis se convirtió en la directora de la empresa que fundó: *Radiology Relief, Inc.* (Relevos en Radiología). Alcanzó a tener entre veinte y cincuenta empleados de medio tiempo con ventas de más de un millón de dólares por año. Su filosofía era sencilla: "La vida es demasiada corta, quiero tener la libertad para disfrutarla".

Dentro de un año desearás haber comenzado hoy mismo.

KAREN LAMB

Herb Kelleher, siendo director de *Southwest Airlines*, dirigía la aerolínea de rentabilidad más estable y consistente en los Estados Unidos. Con un sentido del humor que no es solamente contagioso, sino también viral, Kelleher era con seguridad el gerente general más extravagante de su época. Dirigía a su empresa con un completo don de gentes, un tacto para reducir costos y un enfoque constante en el entretenimiento. Kelleher se presentaba a trabajar en la sede corporativa vestido como Elvis Presley y en los aviones de *Southwest* se presentaba disfrazado como el Conejo de la Pascua. Cuando a *Southwest* la escogieron como la aerolínea oficial de *Sea World*, Kelleher mostró su gratitud pintando un avión que lucía como Shamu, la ballena asesina de *Sea World*.

La actitud de Kelleher todavía se refleja en los empleados de *Southwest*. A los auxiliares de vuelo se les conoce por organizar concursos de trivialidades y carreras de relevos sentados entre los pasajeros, dar instrucciones en rap, esconderse en los compartimentos de equipaje en la parte de arriba del avión y dar premios a los pasajeros que tengan los huecos más grandes en sus calcetines. "Lo que estamos buscando, en primer lugar", explica, "es un sentido del humor. Contratamos actitudes".

¿Esta atmósfera de diversión y camaradería obstruye el camino de la eficiencia, la productividad, o las utilidades? No. Todo lo contrario: Kelleher y *Southwest* han demostrado una y otra vez que el sentido del humor, combinado con el deseo de contribuir, constituyen una cultura corporativa que promueve constantemente la excelencia. Como resultado, los empleados de *Southwest* son mucho más productivos y los más leales en la industria. Mientras tanto, *Southwest* es mucho más grande y más rentable año tras año. La revista *Fortune* nombró a Kelleher como "el mejor gerente general en los Estados Unidos".

No estás presumiendo si puedes hacerlo.
Dizzy Dean

Hay muchos obstáculos que se presentan todos los días. Es importante reconocerlos y preparar un plan de acción porque casi puedes apostar que van a estar ahí esperándote mañana. Un avance en cualquier obstáculo es un éxito. Creo que la vida es como un desfile. Un desfile tiene dos tipos de personas: los que marchan y los que observan. ¡La opción es mía! Quiero marchar. Necesito un comienzo y un final. Necesito ayuda con las situaciones difíciles. Sé que voy a tener este día sólo una vez, así que quiero que sea mío.

Elaine D'Agostino — Secretaria Ejecutiva,
Becton Dickinson and Company

¿Qué tienen en común Norman, Janis, Herb y Elaine? Todos ellos son, por supuesto, "personas que prosperan". Los que prosperan saben que la vida con todos sus disparates y desafíos es, en última instancia, el único desfile en la ciudad y de ningún modo ellos tienen la intención de ser observadores. Ellos quieren marchar con toda la energía y el compromiso que puedan reunir. Si la vida es un desfile, los que prosperan van a participar plenamente.

Kenichi Ohmae, un consultor de gestión japonés, es el autor de más de sesenta libros, colaborador de la revista *Harvard Business Review* y del diario *The Washington Post*; es además un conferencista muy solicitado y es lo suficientemente rico para jubilarse. En vez de hacerlo, Ohmae se metió en la política postulándose para el cargo de gobernador de Tokio. Su propósito no era el poder, sino cumplir con la visión que está impresa en su tarjeta de presentación: **Hagamos un buen país**.

El electorado, sin embargo, no estaba preparado para la visión de Ohmae y quedó en cuarto lugar de seis candidatos. Al preguntarle por qué consideró dañar su impecable reputación con la política, contestó: "No quiero llegar al final de mi vida y decir: 'Caramba, me hubiera gustado haber hecho eso'".

Los que prosperan son diferentes, pero ¿cuál es su secreto? ¿Por qué continúan creciendo y prosperando?

En pocas palabras, los que prosperan participan plenamente en la vida. Ellos dan el ejemplo, expresan, manifiestan y modelan las actitudes y los comportamientos que hemos discutido en este libro. Así tomen la vida como un ensayo, los que prosperan tienen un deseo ardiente de participar, descubrir, aprender, expandirse, lograr, disfrutar, reír, amar y contribuir. Puede que terminen el desfile gastados y agotados, pero una vida plenamente vivida tiene que dejarlos así.

El águila se paró con orgullo en el borde de su nido. Mientras miraba las montañas y los valles que estaban frente a ella, sus pensamientos la llevaron a su infancia. Se acordaba claramente de sus primeros intentos de vuelo. Una y otra vez había perdido el control y se había caído hacia abajo en las rocas. Una y otra vez su madre siempre pendiente estaba ahí para protegerla.

El águila recordó que le preguntó, "¿Qué pasa? ¿No soy tan poderosa como me has hecho creer?" La respuesta de su madre le brindaría uno de los momentos más extraordinarios de su vida. Percibiendo que por fin estaba lista, ella le reveló el secreto del águila:

"Todas las águilas nacieron para volar. Es la razón por la cual fuimos creadas. Nuestro poder, sin embargo, no viene de lo que podemos ver, sino de lo que no vemos. Es el viento, no nuestras alas, lo que nos eleva a las alturas. Es nuestra visión, no nuestros ojos, la que nos hace soberanas de los cielos. Pero, por encima de todo esto, es nuestro espíritu, no nuestra velocidad, el que nos lleva a ser fuertes y libres".

DAVID McNALLY

David es el autor de libros de gran éxito, _Hasta las águilas necesitan un impulso_ — _Aprendiendo a volar en un mundo cambiante_ y _El secreto del águila_ — _Estrategias de éxito para prosperar en el trabajo y en la vida._ Es co-autor de _Sea su propia marca_ y _El impulso_ — _Liberando el poder del estímulo._ David es un galardonado productor de dos películas inspiradoras, _El poder del propósito_ y _Si yo fuera valiente._ David también es un galardonado orador en la lista del Salón de la Fama de Oradores (_Speakers Hall of Fame_).

info@davidmcnally.com   www.davidmcnally.com

Nota del autor:

Deseo expresar mi profundo agradecimiento a mi amigo y colega, Carlos A. Sabbagh, por la traducción al español de esta obra. En una obra como ésta, tan importante como es la traducción de las palabras, es la capacidad de comunicar la intención y el significado del mensaje del autor. Carlos logró esto con elegancia en su traducción al español de mi primer libro, _Hasta las águilas necesitan un impulso_, como también en la de _Mi viaje sagrado a través del cáncer_. Yo sé que lo ha logrado una vez más con _El secreto del águila_. Gracias Carlos, este libro beneficiará a miles de personas de habla hispana.

Traducción: Carlos A. Sabbagh
The Intentional Leadership Institute
cass@tiliconsulting.com   www.tiliconsulting.com

CARLOS A. SABBAGH

Presidente de **edca corp**, tiene un amplio ejercicio profesional en el sector privado como ejecutivo de empresas a nivel internacional. Ha sido consultor y conferencista en desarrollo organizacional de empresas de todo tamaño. Desarrolló el programa de asesoría y consulta titulado _El líder intencional_, el cual es un proceso de transformación cultural para individuos y empresas.

Nota del traductor:

Estoy muy agradecido por el aporte inestimable de **Roberto Castro Polanía** como corrector de pruebas. Roberto es un escritor y analista de la actualidad política y social. Ejerció como director y editor del Noticiero Momento Regional de la emisora Radio Sur de Pitalito, Huila, Colombia, el cual se publicó en Internet hasta que la emisora dejó de existir. Sus escritos han sido publicados en los periódicos Diario del Huila y La Nación de Colombia. Ha sido traductor e instructor del idioma español para corporaciones y grupos privados, asesor de negocios y consultor comercial para la América Latina.

También agradezco la colaboración de **Elizabeth Sutela** por su entusiasmo y creatividad en la composición, diagramación y presentación de las páginas internas del libro.